互动与发展

一个农牧交错地带乡村社区的变迁与振兴

刘毅 —— 著

Interaction and Development
The Transformation and Revitalization of a Rural Community in the Agro-pastoral Ecotone

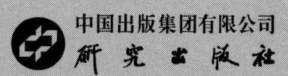

中国出版集团有限公司
研究出版社

图书在版编目（CIP）数据

互动与发展：一个农牧交错地带乡村社区的变迁与振兴 / 刘毅著. -- 北京：研究出版社, 2025.4.
ISBN 978-7-5199-1851-4
Ⅰ.D669.3
中国国家版本馆 CIP 数据核字第 2025V5H615 号

出 品 人：陈建军
出版统筹：丁　波
策划编辑：张立明
责任编辑：张立明

互动与发展：一个农牧交错地带乡村社区的变迁与振兴
HUDONG YU FAZHAN:
YIGE NONGMU JIAOCUO DIDAI XIANGCUN SHEQU DE BIANQIAN YU ZHENXING

刘　毅　著

研究出版社 出版发行

（100006　北京市东城区灯市口大街100号华腾商务楼）
北京新华印刷有限公司印刷　新华书店经销
2025年4月第1版　2025年4月第1次印刷
开本：850mm×1168mm　1/32　印张：8.875
字数：185千字
ISBN 978-7-5199-1851-4　定价：58.00元
电话（010）64217619　64217652（发行部）

版权所有·侵权必究

凡购买本社图书，如有印制质量问题，我社负责调换。

目 录

导论 / 1
    第一节   主题的选择：乡村社区的变迁与振兴 / 2
    第二节   文献述评 / 10
    第三节   田野过程 / 35

第一章   陶利镜像：田野工作地点的概述 / 44
    第一节   区域概况：农牧交错带的乡村社区 / 45
    第二节   历史回顾 / 51
    第三节   陶利现状 / 61

第二章   共生互通：空间的变迁 / 77
    第一节   居住空间 / 77
    第二节   商业空间的变迁 / 91
    第三节   网络空间下的互动交流 / 102

第三章   共富：农牧民生计方式的变迁与产业振兴 / 116
    第一节   区域经济的互补性与传统生计中的互动 / 117

第二节　生计变迁：市场化背景下农牧民生计策略选择 / 128
　　第三节　集体经济：乡村振兴的坚实基石 / 137

第四章　创新交融：日常生活文化的变迁 / 154
　　第一节　饮食文化的多样化 / 154
　　第二节　"长短并存"：服饰文化的变迁 / 161
　　第三节　岁时节日文化变迁 / 168
　　第四节　人生仪式交汇 / 179

第五章　观念的变迁 / 188
　　第一节　法治观念日益加强 / 188
　　第二节　消费观念的转变 / 194
　　第三节　婚恋观念的转变 / 207
　　第四节　家庭教育观念的重构 / 213

第六章　乡村秩序的变迁 / 225
　　第一节　传统的乡村秩序 / 225
　　第二节　现代乡村秩序的重构 / 234

第七章　成果共享：民生保障日益完善 / 242
　　第一节　人居环境的改善 / 242
　　第二节　医疗健康 / 249

结语 / 258

一、互动性变迁：农牧交错地带乡村社会变迁的隐喻 / 258
二、乡村振兴战略的提出是乡村社会发展的重大契机 / 261

参考文献 / 269

导　　论

　　乡村是中国社会的重要组成部分，承载着国家的历史、文化和生态多样性等，而地处农牧交错地带的乡村社区则是其中最为典型、最具代表性的地区。具体表现在以下几个方面：

　　首先，经济多样性。农牧交错地带通常位于农业区和牧区的过渡地带，融合了农业和畜牧业的生产模式。这种区域的经济模式能够有效利用土地资源，提高土地的综合生产能力。通过农牧结合，这些社区不仅能够实现粮食和畜牧产品的多样化，还能增强经济抗风险能力，从而对社会的经济稳定和发展起到了积极作用。

　　其次，社会组织独特性。农牧交错地带的乡村社区往往形成了独特的社会组织形式。在这些区域，居民需要协调农业生产和牧业活动，形成了复杂的社区管理和合作机制。社区内部的合作和资源共享，不仅促进了当地的社会稳定，也影响了周边地区的社会结构和组织形式。

　　再次，文化交融性。农牧交错地带的乡村社区是农业文化和牧业文化的交汇点。这种交融促成了独特的地方文化和风俗习惯，例如节庆活动、民间艺术和手工艺品等。这些地区的文化融合反映了不同生产方式和生活方式的互动，展示了地域文化的多样性和独特性。

最后，农牧交错地带的乡村社区的历史变迁反映了中国不同历史时期的社会和经济状况。各种政策和历史事件对这些地区的影响，往往揭示了中国历史上的社会变革、经济发展和民族融合等重要方面。这些变迁不仅对当地社会产生了深远影响，也对中国整体历史进程有着重要的贡献。

总体而言，农牧交错地带的乡村社区在中国历史文化中扮演了重要的角色，其经济、社会、文化、环境等多方面的特征和变化，为我们理解中国传统社会和文化提供了宝贵的视角。

第一节 主题的选择：乡村社区的变迁与振兴

通过长期的田野跟踪调查和对史料的挖掘梳理，我们更加细致深刻地了解中国乡村社区的变迁与发展历程。总结经验和发现客观问题，能够促进我们更好地推动乡村振兴战略的实施，同时，对于提升乡村社区基层治理能力，推动各族人民走向共同富裕的道路具有积极意义。本书在尊重农牧交错地带乡村社区变迁历史的基础上，顺应乡村振兴战略实施的客观需要，同时也以促进相关学术研究继续深入为目的。

一、顺应我国乡村振兴战略的客观需要

在科学总结的基础上，以习近平同志为核心的党中央对新

时代农村工作做出了一系列科学的论断，对乡村的建设和发展提出了更高的要求和新的指引。2017年，党的十九大报告首次提出实施乡村振兴战略，并将其作为决胜全面建成小康社会、全面建设社会主义现代化国家的一项重大历史任务，并且出台了一系列的文件，明确了乡村振兴的战略目标和实施路径。在2018年全国两会上，习近平总书记指出："实施乡村振兴战略，是我们党对'三农'工作做出的重大部署，是全面建成小康社会和全面建设社会主义现代化国家的必然要求。"2020年，在中央农村工作会议上他再次强调，要坚持农业农村优先发展，走中国特色乡村振兴道路。

乡村的变迁与振兴是顺应我国乡村振兴发展战略的客观需求，是实现全面建成社会主义现代化国家的重要举措。通过产业兴旺、生态宜居、乡风文明、治理有效和生活富裕的全面推进，我国的乡村正在经历着深刻的变革，焕发出新的生机与活力。在中央政策的引领下，各地积极探索和实践，乡村振兴的美好蓝图正在逐步变为现实，广大农民的幸福生活也将更加有保障。

随着产业结构的不断优化，乡村经济逐渐从传统的农业模式向多元化发展转型，农民的收入水平不断提高，生活质量显著改善。同时，生态环境的保护与修复也得到重视，乡村不仅要实现经济的发展，更要追求绿色的发展，确保居住环境的优美与可持续。在乡风文明方面，各地通过弘扬优秀传统文化，推动文明乡风的建设，使乡村文化更加丰富多彩，促进了社会的和谐与稳定。

在基层治理方面，乡村的治理体系也在不断完善，政府与村民的互动更加紧密，社会参与度显著提高，形成了良好的治理格局。通过这些努力，乡村的面貌发生了显著变化，农民的生活方式与价值观念也在不断演变，展现出更加积极向上的精神风貌。

总之，乡村振兴不仅是经济发展的需要，更是社会进步的体现。在未来的日子里，随着各项政策措施的深入实施，广大农民的幸福生活将更加有保障，乡村将焕发出更加迷人的光彩。基于党关于"三农"工作重要思想、各族人民群众主体性地位的基本要求，自上而下开展有关乡村变迁与振兴的调查研究，挖掘乡村发展的宝贵经验和传统优势，有利于我们制定具体的发展路径，有利用完善基层治理体系，提升基层治理能力。

二、基层治理的重要成果

近年来，中国的乡村变迁与振兴成为基层治理的重要成果，彰显了国家在推进基层治理能力和基层体系现代化方面的显著成就。这一转变不仅仅是表面上的基础设施改善，更深层次的是体制机制的创新和社会治理水平的提升。

首先，乡村基层治理能力的提升源于国家政策的大力支持与引导。党的十九大以来，乡村振兴战略成为国家的重要发展战略之一，明确了"五大振兴"的总体任务，即产业振兴、人才振兴、文化振兴、生态振兴和组织振兴。这一战略的实施，促使各级政府在资源配置、政策倾斜和财政投入等方面给予了乡村地区极大的支持。例如，通过土地流转政策的实施，乡村土地的集约化和规模化经营得到推进，农业生产效率显著提高，农民收入也因此稳步上升。这种政策支持不仅增强了乡村的经济活力，也强化了基层治理的基础。

其次，基层治理体系的现代化是乡村变迁与振兴的重要保障。传统的乡村治理模式主要依赖乡土社会中的家族、宗族和村落共同体，治理效率和透明度较低。而现代化的基层治理体系则强调法治、德治和自治的结合，通过村民自治、民主选举、村务公开等方式，提高了治理的透明度和公信力。例如，通过村民委员会的民主选举，村民可以直接参与到村级事务的决策过程中，增强了他们的主人翁意识和参与感。同时，通过村务公开栏、信息公告等方式，村务信息得以公开透明，有效防止了腐败和不正之风的滋生。

此外，信息化和数字化技术的应用，为乡村基层治理能力的提升提供了新的手段。近年来，随着互联网和信息技术的普及，乡村地区的数字化治理水平不断提高。例如，通过"互联网+政务服务"，乡村居民可以在线办理各种政务手续，极大地方便了群众生活，提高了政府服务效率。同时，通过大数据和物联网技术，政府可以实时监测和分析乡村的经济社会动态，及时发现和解决问题，从而实现精准治理和科学决策。这样的信息化手段不仅提高了治理效率，也促进了治理方式的创新。

文化振兴是乡村变迁与振兴的重要内容，也是基层治理现代化的重要组成部分。乡村文化的复兴不仅仅是对物质文化遗产的保护，更是对乡村精神文明的重塑。通过各种文化活动和教育培训，乡村居民的文化素质和道德水平得到提升，乡村的社会风气更加淳朴和谐。例如，通过乡村大舞台、农民文化节等活动，丰富了乡村居民的文化生活，增强了社区凝聚力和认同感。同时，通过乡村学校和成人教育中心的建设，提高了乡村居民的科学文化水平和职业技能，为乡村振兴培养了大量的人才。

生态振兴也是乡村变迁与振兴的重要一环，它体现了基层治理对可持续发展的重视。通过实施生态保护政策和项目，乡村的自然环境得到了显著改善。例如，通过退耕还林还草、河道治理等措施，乡村的生态环境质量显著提升，生态系统更加健康稳定。这不仅改善了居民的生活环境，也为乡村的可持续发展奠定了坚实基础。此外，通过发展生态农业、循环农业等绿色产业，乡村的经济发展模式更加环保和可持续，为未来的发展提供了新的动力。

最后，基层治理能力的提升离不开组织振兴。农村基层党组织是乡村治理的核心力量，其组织力和战斗力的提升直接关系到乡村振兴的成效。通过加强基层党组织建设，提升干部队伍素质，农村基层党组织的凝聚力和号召力显著增强。例如，通过开展"不忘初心、牢记使命"主题教育活动，加强了党员干部的思想教育和党性锻炼，增强了他们的服务意识和责任感。同时，通过村级党组织书记培训和村干部轮训，提高了基层干部的治理能力和业务水平，为乡村振兴提供了坚强的组织保障。

综上所述，乡村变迁与振兴作为我国基层治理的重要成果，充分体现了国家在提升基层治理能力和推进基层体系现代化方面的努力和成效。通过政策支持、治理体系现代化、信息化手段应用、文化振兴、生态振兴和组织振兴等多方面的措施，乡村的经济社会面貌发生了深刻变化，基层治理水平显著提高。这不仅为乡村居民带来了实实在在的福祉，也为国家的整体发展和社会的和谐稳定作出了重要贡献。未来，随着乡村振兴战略的进一步深入推进，乡村基层治理能力和治理体系现代化将会不断提升，为实现农业农村现代化奠定更加坚实的基础。

三、研究农牧交错地带乡村社区变迁与振兴的重要性

农牧交错地带乡村社区作为中国独具特色的生态与社会单元，承载着农业与牧业两大生产模式的交融与演化，形成了独特的区域特征。这些地区地处农耕文明与游牧文化的交汇点，孕育了多样化的生产方式和文化传统。在农牧交错地带，农业与牧业相互依存、共生发展，使得这些社区不仅在经济上具有多元化的优势，在文化上也展现出融合与创新的特点。这样的独特性，不仅是自然环境和生产方式长期适应与演化的结果，更是多民族、多文化长期交往、交流、交融的体现。

首先，农牧交错地带乡村社区的独特性主要体现在其生产方式的多样性与复合性上。在这些地区，农耕和牧业并存，农牧民在一年四季中可以根据气候、资源状况和市场需求选择耕种作物或放牧牲畜，这种生产方式的灵活性增强了社区在面对

自然灾害和市场波动时的抗风险能力。同时，农牧交错地带的乡村社区通过合理利用有限的自然资源，最大化地发挥了土地、草场和水资源的经济效益。这种生产模式不仅保证了农牧民的生计和经济收入，也对区域生态平衡和生物多样性保护起到了积极的作用。

其次，农牧交错地带乡村社区的文化独特性也尤为突出。这些社区不仅是多民族、多文化交流融合的前沿，还保留了许多独特的风俗习惯和民间艺术形式。这些文化遗产不仅在当地居民的日常生活中扮演着重要角色，也是区域文化多样性的有力见证。在当今全球化和现代化的进程中，保护和传承这些文化传统显得尤为重要，它们不仅是地区居民文化认同的核心，也是民族团结和社会稳定的重要因素。

然而，随着经济社会的快速发展和现代化进程的不断推进，农牧交错地带乡村社区也面临着一系列新的挑战。传统的农牧生产方式逐渐被市场经济和现代农业技术所取代，许多年轻人选择外出务工或定居城市，导致农村人口老龄化和劳动力短缺问题日益严重。同时，生态环境的脆弱性也使得这些地区更容易受到气候变化和自然灾害的影响，土地退化、草场沙化等问题进一步威胁到农牧业的可持续发展。在这种背景下，研究农牧交错地带乡村社区的变迁与振兴显得尤为重要。

首先，研究农牧交错地带乡村社区的变迁能够帮助我们更好地理解这些地区在经济社会结构变化、人口迁移和生态环境变迁等方面的复杂性。这些研究不仅有助于揭示农牧交错地带在现代化进程中所面临的具体问题，还能够为制定科学合理的政策措施提供理论支持。例如，通过研究农牧交错地带的人口迁移规律，我们可以更好地预测未来农村人口流动的趋势，并制定相应的农村振兴和人口返乡政策。通过研究农牧交错地带的生态变化规律，我们可以制定更加符合实际的生态保护和可持续发展策略，从而在保证农牧业生产的同时，保护和修复当地的生态环境。

其次，研究农牧交错地带乡村社区的振兴，不仅是为了改善这些地区的经济发展和居民生活质量，更是为了实现区域协调发展和国家整体安全。农牧交错地带作为我国农业和牧业生产的重要区域，其振兴不仅能够提高当地居民的经济收入和生活水平，还能够增强国家粮食安全和生态安全。通过发展现代农业和生态农业，提升农牧产品的附加值，可以有效增加农牧民的收入，提高他们的生活质量。同时，通过推进生态修复和环境保护措施，可以改善当地的生态环境，提升生态系统的稳定性和抗逆性，从而为国家的生态安全提供保障。

此外，农牧交错地带乡村社区的发展对于国家整体安全和区域稳定也具有重要的战略意义。农牧交错地带通常处于边远和偏僻地区，这些地区不仅是生态保护的重点区域，也是维护国家边境安全和社会稳定的重要区域。因此，振兴农牧交错地带乡村社区，不仅是促进经济发展和改善民生的需要，更是维护国家安全和区域稳定的战略选择。通过提高这些地区的经济发展水平和居民的生活质量，可以有效增强当地居民的国家认同感和民族凝聚力，进而促进社会的和谐与稳定。

综上所述，研究农牧交错地带乡村社区的变迁与振兴具有重要的现实意义和战略价值。农牧交错地带乡村社区的独特性不仅体现在其多样化的生产方式和文化传统上，还体现在其在国家经济、生态和安全等方面的重要作用上。通过深入研究这些地区的变迁规律和发展趋势，我们可以更好地理解和应对这些地区所面临的挑战，从而制定更加科学合理的发展策略，推动农牧交错地带乡村社区的全面振兴，实现区域协调发展和国家整体安全的双重目标。

第二节 文献述评

梳理已有的相关学术成果，有助于明确研究所处的坐标。本研究涉及的问题有社会变迁研究、社区治理研究、社区发展研究、乡村振兴研究等等，对这些相关学术成果的梳理，成为研究的前提和基础。

一、关于农牧交错地带的研究

农牧交错地带是指那些农业与畜牧业并存的区域，具有农耕与游牧两种生计方式的特征。这种区域内不同经济文化类型相互碰撞和融合，形成了一种独特的生计方式。在这些地带，农业和畜牧业的共生与融合促进了经济方式的趋同化，并加快了社会一体化的进程。当下，关于农牧交错地带的研究成果丰硕，不同的学科都展开了本领域的学术研究。

（一）不同学科关于"农牧交错地带"的定义及空间范围

众多学者从不同的学科视角出发，对"农牧交错地带"的定义做出了阐释：

首先，在地理学中，农牧交错地带是指那些农业与牧业经济相互影响，农耕与畜牧活动均有的地区。这些区域往往表现出从集约农业地带向粗放牧业地带的递变特征。地理学关注该地带的自然条件、土地利用方式以及与周边地区的生态关系。地理学家赵松乔提出了农牧过渡地区的概念，指出这些地区从集约农业地带向北递变为粗放农业区、定牧区、定牧游牧过渡区，直至纯粹的游牧区。这些区域通常在年降水量400毫米左右的地方。[1]

其次，生态学视角下，农牧交错地带被看作是不同生态系统的交汇区。在这些地带，农耕文明的稳定性和游牧文明的流动性交织在一起，形成了特殊的生态平衡。生态学家研究这些地区生态环境的保护和可持续使用。张兰生等认为，北方农牧交错地带是我国境内对全球变化反应敏感的生态系统过渡带，主体部分位于长城沿线的内蒙古东南部，冀、晋、陕北部和鄂尔多斯地区，是从半干旱向干旱区过渡的地带。[2] 陈学功等利用GIS技术对农牧交错带进行空间计算模拟出农牧交错地带的地理分布，结果表明，中国农牧交错带分布是沿胡焕庸所提出的人口分界线（黑龙江省的黑河——云南的腾冲）走向的一条狭长地带，涉及黑龙江、吉林、内蒙古、辽宁、河北、山西、陕西、宁夏、甘肃、青海、四川、云南、西藏等13个省（自治

---

[1] 参见赵松乔：《察北、察盟及锡盟——一个农牧过渡地区的经济地理调查》，载《地理学报》1953年第1期。

[2] 参见张兰生，方修琦，任国玉，索秀芬：《我国北方农牧交错带的环境演变》，载《地学前缘》，载1997年第Z1期。

区）的234个县（市、旗）[1]。赵哈林等提出北方农牧交错带涉及多个省份，是我国重要的生态区域，但近年来沙漠化问题严重，影响了生态环境和社会经济发展。地理界定主要位于降水量300～450mm的区域，涉及9省106个旗县[2]。

再次，社会学、人类学和民族学关注农牧交错地带的社会结构、文化形式和民族关系。这些学科强调该地带社会的流动性、融合性和多元文化的共存，以及这些特性如何影响社会组织和文化身份的形成。如众多研究者从多维度探讨了这一区域的族群关系，麻国庆对这一区域进行了深耕，如关于移民和水利社会的研究[3]，以及他认为农牧交错地带是认识中华文明统一性的重要视角[4]，朱金春从产业发展的角度探讨了青海农牧交错地区的族群关系[5]，张亮等研究了该区域脱贫攻坚与乡村振兴的衔接动力机制[6]。

最后，历史学家研究农牧交错地带在历史上的演变，包括该地带在不同历史时期的经济、社会和文化变迁。他们可能会

---

[1] 参见陈全功，张剑，杨丽娜：《基于GIS的中国农牧交错带的计算和模拟》，载《兰州大学学报（自然科学版）》2007年第5期。

[2] 参见赵哈林，赵学勇，张铜会，周瑞莲：《北方农牧交错带的地理界定及其生态问题》，载《地球科学进展》2002年第5期。

[3] 参见麻国庆：《边界与共生：农牧交错地带的水利社会研究——评〈水利、移民与社会〉》，载《社会发展研究》2022年第3期。

[4] 参见麻国庆，张斯齐：《农牧交错地带：认识中华文明统一性的一个视角》，载《思想战线》2024年第3期。

[5] 参见朱金春：《牛羊育肥与族际互动：农牧交错地带多民族共生互惠共同体的生成》，载《北方民族大学学报》2024年第1期。

[6] 参见张亮，马释宇：《政策代理"责任到人"与农业生产"组织起来"——农牧交错地带脱贫攻坚与乡村振兴衔接的动力机制研究》，载《西北民族研究》2022年第4期。

探讨历史上的大规模移民如何影响了这些地区的发展,以及这些变迁对当代的影响。岳云霄认为,北部长城沿线,西北部河西走廊至湟水流域属于农牧过渡地带,战略区位十分重要,该地区的自然环境、社会历史和地缘政治极其复杂。[1]

以上定义反映了不同学科的研究重点和视角,但都围绕着农牧交错地带这一特殊区域的特性展开,揭示了这些地区在经济、生态、社会和文化上的多元性和互动性。

(二)关于农牧交错带作用的研究

农牧交错带是一个独特的地域概念,体现了内涵多样性、形式非唯一性和数据连续性。该交错带自青铜器时代起源于农耕与游牧文化的交流,经历了夏、商、周的稳定发展,最终在秦汉时期成型。其功能在于资源的交流与融合、地理优势的利用以及区域经济、政治和社会的可持续发展,成为中国民族精神的脊梁和兴起之地。[2]石硕认为,童恩正提出的半月形文化带是理解中国的民族历史脉络的一把钥匙,揭示了历史上农耕民族与游牧民族之间并非简单的以长城作为分割,二者之间存在着一条农牧混合的漫长、宽阔、模糊的地理带,为认识中国文明起源提供了新思路。半月形文化带不仅是地理的体现,更是文化与历史的交融,通过它我们能够更深入地理解中国的民

---

[1] 参见岳云霄:《国家·族群·环境:康雍乾时期农牧交错带政区变迁的多元面向——宁夏府新渠、宝丰二县置废研究》,载《社会史研究(第五辑)》2018年第1期。

[2] 参见陈全功:《再谈"胡焕庸线"及农牧交错带》,载《草业科学》2018年第3期。

族形成与发展脉络。[1] 麻国庆认为，农牧交错地带不仅是文化与民族多元共生的空间，也是理解中华文明统一性的重要研究场域。通过这一地区的研究，可以更深入地探讨中华民族的历史逻辑与多元一体的格局。[2]

（三）关于农牧交错地带的实证研究

农牧交错地带我国历史上重要的地理区域，加强对这一区域的研究是社会发展所必需的。不同学科虽然对农牧交错带的定义表述有所不同，但是空间范围的划定大致统一，即东起大兴安岭地区，沿着内蒙古东南部、南部，河北、山西、陕西北部，经宁夏、甘肃、青海南下，入川滇藏地区。多年来，众多学者无论是从历史的视角，还是当下社会发展，都对各区域都进行了相关的实证研究。

其一，从历史的角度研究农牧交错地带。徐冉聚焦于清代宁夏与阿拉善地区的贺兰山界线迁移，揭示了环境资源争夺和权力博弈对行政区划界线变化的影响。贺兰山区域因其丰富的水源和植被成为农耕和游牧族群争夺资源的关键地带，导致长期界线争端。这一现象不仅影响了地方社会经济和民族关系，还反映了政府如何通过调整行政边界来平衡不同群体间的利益

---

〔1〕 参见石硕：《半月形文化带：理解中国民族及历史脉络的一把钥匙——童恩正"半月形文化带"的学术意义与价值》，载《清华大学学报（哲学社会科学版）》2024年第2期。

〔2〕 参见麻国庆、张斯齐：《农牧交错地带：认识中华文明统一性的一个视角》，载《思想战线》2024年第3期。

冲突。[1] 崔思朋探讨了气候与人口因素对历史时期农牧交错带变迁的影响，研究表明，气候波动对农牧交错带的形成及范围界限具有深远影响，特别是在早期历史阶段。随着人类社会的进步，由于生产力水平的提高，人为因素对农牧交错带范围的影响逐渐增强。[2] 王晗分析了清代以来人类活动（尤其是边外垦殖）对蒙陕农牧交错带环境变化的影响，指出人类作为环境变化的活跃因素，通过土地利用和权属变化导致农牧交错带的北移及土地沙化加剧，同时考察了清政府政策对此过程的影响。[3] 王金朔等探讨了清代蒙古地区大规模农业活动的发展历程及其对北方农牧交错带界限变化的影响，通过行政建制的设置分析了农耕北界的演变过程。[4]

其二，从现实的视角切入研究农牧交错带。海山关注内蒙古农牧交错带的可持续发展，他深入分析了内蒙古农牧交错带的人地关系地域系统，揭示了人口压力、生态环境恶化和经济贫困之间的恶性循环，强调了劳动力素质的重要性。他认为通过政府干预、提高人口素质和推进生产生活电气化，构建内蒙

---

[1] 参见徐冉：《农牧交错带的山地环境与界线迁移——以清代宁夏、阿拉善贺兰山界争问题为例》，载《中央民族大学学报（哲学社会科学版）》2018 年第6 期。

[2] 参见崔思朋：《气候与人口：历史学视域下"农牧交错带"研究基本线索考察及反思》，载《重庆大学学报（社会科学版）》2020 年第 5 期。

[3] 参见王晗：《清代蒙陕农牧交错带土地垦殖过程研究——以怀远县伙盘地为例》，载《明清论丛（第十四辑）》2014 年第 2 期。

[4] 参见王金朔，金晓斌，曹雪，周寅康：《清代北方农牧交错带农耕北界的变迁》，载《干旱区资源与环境》2015 年第 3 期。

古农牧交错带人地关系的良性运行机制，实现可持续发展。[1] 朱小玲认为，农牧交错带在自然与人为双重作用下，呈现出动态变迁的特征，并且在变迁的过程中引起了该地区经济文化类型的演变。[2] 刘志颐对内蒙古化德县生态经济模式进行了研究。[3]

二、社会变迁及乡村社会变迁研究

社会变迁是研究社会结构、文化、经济和政治制度等方面的深刻变化的一个重要领域。乡村社会作为社会结构中的重要组成部分，其变迁不仅反映了更广泛的社会变革，也揭示了城乡差异与互动的复杂性。

（一）社会变迁的概念与理论框架

社会变迁的概念最早出现在 19 世纪的社会学研究中。早期社会学家如奥古斯特·孔德（Auguste Comte）和赫伯特·斯宾塞（Herbert Spencer）为这一概念奠定了基础。奥古斯特·孔德提出了社会学的基本概念，并区分了社会静力学和社会动力学。社会静力学关注社会结构的稳定性，而社会动力学研究社会变迁的动力。孔德认为社会变迁是一个逐步发展的过程，包括神学、形而上学和科学三个阶段。斯宾塞借鉴了达尔文的生物进

---

[1] 参见海山：《内蒙古农牧交错带可持续发展研究》，载《经济地理》1995 年第 2 期。

[2] 参见朱小玲：《内蒙古农牧交错地带经济文化类型的演变》，载《黑龙江民族丛刊》2010 年第 4 期。

[3] 参见刘志颐：《内蒙古农牧交错带化德县生态经济模式研究》，中央民族大学 2013 年博士学位论文。

化理论，提出社会达尔文主义。他认为社会进化遵循"适者生存"的原则。斯宾塞的理论强调社会系统的自我调整和进化。摩尔根认为社会变迁的动力是发明与发现。他认为，人类历史经历了蒙昧阶段、野蛮阶段与文明阶段，而每一阶段的进步都与技术突破有关。[1]

20世纪初至中期，社会变迁理论逐渐成熟，出现了多种经典理论。马克思和恩格斯的历史唯物主义认为，社会变迁的根本动力是生产方式的变革，尤其是经济基础的变化决定了上层建筑的变化。他们强调阶级斗争在社会变迁中的重要作用。马克斯·韦伯提出，社会变迁是由理性化过程推动的，即社会从传统的、情感的和宗教的价值体系转向理性的、法律的和科学的体系。他研究了资本主义、官僚制和宗教对社会变迁的影响。埃米尔·杜尔凯姆和塔尔科特·帕森斯等功能主义者认为，社会变迁是社会系统为了维持平衡和适应环境变化而进行的调整。杜尔凯姆强调社会分工的变化，[2] 帕森斯则提出了"结构-功能"分析框架。

进入20世纪后期和21世纪，社会变迁研究继续发展，出现了多种新的理论和方法。现代化理论认为，社会变迁是传统社会向现代社会转变的过程，主要表现为工业化、城市化、民主化等。社会现代化是社会变迁的重要潮流，吉登斯以"现代性"

---

[1] 参见［波］彼得·什托姆普卡：《社会变迁的社会学》，林聚任等译，北京大学出版社2011年版，第97页。

[2] 参见［法］杜尔凯姆著：《迪尔凯姆论社会分工与团结》，石磊编译，中国商业出版社2016年版，第133页。

的概念探讨了现代化的本质。[1] 与现代化理论相反，依赖理论强调全球不平等和发达国家对发展中国家的剥削。安德烈·弗兰克（Andre Gunder Frank）等学者认为，发展中国家在全球资本主义体系中处于依附地位，社会变迁受到结构性限制。[2] 全球化理论关注全球一体化对社会变迁的影响。乌尔里希·贝克（Ulrich Beck）和曼纽尔·卡斯特尔（Manuel Castells）等学者探讨了信息技术、跨国公司、全球文化等因素如何重塑社会结构和关系。[3] 社会运动理论研究集体行动和社会变迁的关系。查尔斯·蒂利（Charles Tilly）和西德妮·塔罗（Sidney Tarrow）等学者提出，社会运动是社会变迁的重要推动力，通过集体行动挑战现有制度和权力结构。[4]

社会变迁是一个多维的复杂过程，涉及经济、政治、文化等多个方面。在社会学视域里，社会变迁是一个表示一切社会运动变化现象，特别是社会结构发生变化的动态过程及其结果的范畴。按照不同的表现形式可以将社会变迁划分为不同的类型，此外影响社会变迁的因素有很多，如环境、人口、社会制度、社会价值、生活方式、科学技术和经济都与社会变迁息息

---

〔1〕 参见郑杭生主编：《社会学概论新修精编本》（第三版），中国人民大学出版社 2020 年版，第 258 页。

〔2〕 Frank, A. G. 1966. *The Development of Underdevelopment*. Monthly Review Press.

〔3〕 Beck, U. 2006. *The Cosmopolitan Vision*. Cambridge：Polity Press；Castells, M. 1996. *The Rise of the Network Society*. Oxford：Blackwell.

〔4〕 Tilly, C. 1995. *Globalization and Contention*. Cambridge：Cambridge University Press；Tarrow, S. 1998. *Power in Movement*. Cambridge：Cambridge University Press.

相关，任何一个因素的变化都将引发社会的变迁。[1] 社会现代化是一种特殊的社会变迁过程，即社会在日益分化的基础上，进入一个能够自我维持增长和自我创新，以满足整个社会日益增长的需要的全面发展过程。[2] 这些理论帮助我们理解乡村社区在现代化进程中的结构性变化，例如从传统农业经济向工业和服务业转型的过程。通过分析社会变迁中的"适者生存"机制，我们可以探讨乡村如何应对外部环境的变化、传统与现代之间的冲突与融合。此外，理论中的功能主义观点强调了社会结构的适应与平衡，这对于理解乡村社区在现代化过程中如何维持社会稳定和协调发展具有指导作用。总体而言，社会变迁理论为揭示乡村社区在经济、文化及社会组织方面的深层次变化提供了有效的分析框架。

(二) 中国乡村社会变迁研究

中国乡村社会变迁研究是社会学研究中的重要议题，乡村社会变迁是一个复杂而多维的过程，涉及人口流动、经济结构转型、文化变迁等多个方面。通过综合运用多种理论视角和研究方法，研究者们揭示了乡村社会变迁的规律和趋势。

1. 关于乡村社会文化变迁研究

乡村社会文化变迁研究主要关注乡村地区在全球化、现代化和城市化进程中的文化变迁。研究发现，传统的乡村文化在

---

[1] 参见郑杭生主编：《社会学概论新修精编本》（第三版），中国人民大学出版社2020年版，第252-255页。

[2] 参见郑杭生主编：《社会学概论新修》（第四版），中国人民大学出版社2013年版，第311页。

面对外部冲击时，经历了从保守和稳定到开放和多元的转型。现代化带来的生活方式和价值观的变化，导致乡村文化逐渐与城市文化趋同。然而，这一过程也伴随着传统文化的保护和复兴努力，如地方节庆和传统手工艺的重振。学者们通过田野调查、深度访谈等方法，揭示了乡村文化在现代化背景下的复杂互动，显示了文化变迁中既有的适应与抗拒。相关研究强调，在推动乡村现代化的同时，保护和尊重乡村文化的独特性是实现可持续发展的关键。朱康对以温州为例，研究了城市化进程中的乡村社会结构变化和文化转型，特别是中国农村在城市化过程中社会结构如何分化，并重新整合。这样的研究是为了理解城市化过程中出现的矛盾和冲突，具有重要意义，因为它有助于分析农村社会在经济转型期中的发展规律。[1] 陈文胜认为，中国城镇化进程中，传统乡村价值观向现代多元价值观转变，导致了人际关系的利益化和乡村文化的逐渐消失，同时也促进了社会的开放与融合。[2] 高静分析了中国改革开放 40 年来制度变迁对城乡关系的影响，探讨乡村文化的变迁过程。提出了"自觉到自信"的乡村文化振兴逻辑，强调文化再生长的重要性，为乡村文化振兴提供了理论依据和实践指导。同时，探讨了具体的制度设计如城乡互动互通制度和乡村退出制度。[3] 黄

---

[1] 参见朱康对:《城市化进程中乡村社会结构变迁和文化转型——转型期温州农村社会发展考察》，载《当代世界社会主义问题》2002 年第 1 期。

[2] 参见陈文胜:《城镇化进程中乡村文化观念的变迁》，载《湘潭大学学报（哲学社会科学版）》2019 年第 4 期。

[3] 参见高静，王志章:《改革开放 40 年：中国乡村文化的变迁逻辑、振兴路径与制度构建》，载《农业经济问题》2019 年第 3 期。

海从国家治理转型的角度出发，结合乡村社会结构变迁及村民生活与意义世界重构，提出一个全面的分析框架，以更好地理解乡村社会变迁的复杂性。他认为，中国乡村社会在国家治理转型过程中发生了显著变化，包括乡村社会结构、价值伦理、乡土文化和乡村治理等方面。这些变化在中国快速城市化和工业化的背景下尤为重要，因为它关系到乡村的稳定、可持续发展及其文化特色的保留。随着城市化的加速，乡村面临着保持社会稳定和促进发展的双重挑战。[1]

2. 关于乡村社会经济结构转型研究

乡村社会经济结构转型研究集中于乡村地区在经济现代化和城市化进程中的结构调整。传统的农牧业主导经济正在向多元化经济模式转变，包括工业、服务业和农村旅游等新兴行业的兴起。这一转型带来了乡村劳动力的重新配置、收入结构的变化以及生产方式的创新。然而，这一过程中也面临诸如资源分配不均、劳动力外流和社会不平等加剧等挑战。学者们揭示了乡村经济结构转型的动态过程及其对社会经济发展的深远影响，强调了在推动经济多元化的同时，需关注社会公平和可持续发展。

3. 关于乡村社会人口流动研究

乡村社会人口流动研究探讨了人口迁移对乡村社会结构和经济发展的影响。人口流动不仅改变了乡村的人口结构，还对家庭结构、社会关系和地方经济产生了深远影响。大量年轻劳

---

[1] 参见黄海：《国家治理转型中乡村社会变迁的特征及其逻辑演进》，载《求索》2016年第9期。

动力的外流加剧了乡村地区的老龄化问题，并且带来了乡村经济的转型压力，同时也促使乡村地区在公共服务和基础设施建设上面临新的挑战。人口迁移不仅推动了经济发展，也带来了农村劳动力短缺、土地抛荒等问题，影响了农村持续发展和社会稳定。[1] 学者们通过统计数据分析和实地调查，揭示了人口流动对乡村社区的经济、社会和文化影响，强调了需要制定针对性的政策来应对这些挑战，并促进乡村社会的可持续发展。[2] 贺丹认为，人口流动改变了乡村的社会结构和资源分配，对传统的乡村治理模式构成挑战。应对这些挑战，需要从制度创新、社会支持、双向流动、空间布局调整和文化认同等方面入手，构建适应新时代的乡村治理模式。如人口流动相关的制度创新、流动人口的社会支持、城乡双向流动机制的探索等，为新时代的乡村治理提供了具体指导。[3]

4. 关于乡村社会公共空间变迁研究

随着经济发展和人口流动，乡村公共空间经历了从传统集市、乡村广场等历史性公共场所向新型功能区的转型。传统公共空间的减少和功能转变，如集市的衰退和社区活动空间的缩小，影响了乡村社会的交流和互动模式。[4] 同时，新兴公共空

---

[1] 参见段成荣：《人口流动对农村社会经济发展的影响》，载《西北人口》1998 年第 3 期。

[2] 参见钱雪飞：《试论改革以来农民流动对中国社区结构变迁的影响》，载《南京社会科学》1999 年第 2 期。

[3] 参见贺丹：《新时代乡村人口流动规律与社会治理的路径选择》，载《国家行政学院学报》2018 年第 3 期。

[4] 参见乔志强，龚关：《近代华北集市变迁略论》，载《山西大学学报（哲学社会科学版）》1993 年第 4 期。

间，如社区服务中心和文化活动场所的兴起，也在一定程度上改善了乡村的社会服务条件和居民的生活质量。[1] 学者们通过案例研究和空间分析，探讨了公共空间变迁对乡村社区凝聚力、社会互动和文化传承的影响，并提出了在发展新公共空间的同时，保护和利用传统公共空间的策略。曹海林探讨了乡村公共空间的演变及其对村庄秩序重构的影响，指出在社会变迁中，正式公共空间的萎缩与非正式公共空间的崛起并存。随着乡村经济的开放与多元化，村民的交往活动逐渐向外延伸，公共空间获得了新的特质。[2]

此外，研究方法而言，定量研究方法主要通过大规模调查和统计分析来探讨乡村社会变迁的规律。诸如人口普查数据、社会调查数据和经济统计数据被广泛应用于研究乡村人口流动、经济结构变化和社会阶层变动等议题。定性研究方法通过深度访谈、田野调查和个案研究等手段，探讨乡村社会变迁中的微观过程和个体经验。定性研究能够深入揭示乡村社会变迁中的复杂性和多样性。最典型的著作是费孝通先生的《乡土中国》深入剖析了中国乡村社会的结构和变迁。[3] 当下，研究者们更热衷运用综合的研究方法，提供更加全面和深入的分析。

---

[1] 参见陈建胜：《从社区服务中心到社区中心：公共空间的社会性锻造——基于衢州农村社区建设的案例》，载《浙江学刊》2013 年第 6 期。

[2] 参见曹海林：《村落公共空间演变及其对村庄秩序重构的意义——兼论社会变迁中村庄秩序的生成逻辑》，载《天津社会科学》2005 年第 6 期；曹海林：《乡村社会变迁中的村落公共空间——以苏北窑村为例考察村庄秩序重构的一项经验研究》，载《中国农村观察》2005 年第 6 期。

[3] 参见费孝通：《乡土中国》，北京大学出版社 2012 年版，第 10 页。

三、乡村振兴战略研究

乡村振兴是实现农业农村现代化的重要战略，是国家治理体系和治理能力现代化的重要组成部分。近年来，随着中国城乡发展不平衡问题的突出，乡村振兴成为学术研究和政策制定的重要议题。

（一）乡村振兴战略的理论研究

党的十九大报告提出实施乡村振兴战略，要按照"产业兴旺、生态宜居、乡风文明、治理有效、生活富裕的总要求，家里健全城乡融合发展体制机制和政策体系，加快推进农业农村现代化"[1]。自此，社会各界加强了对乡村振兴战略的讨论。

不少学者从宏观层面对乡村振兴战略进行了解读，系统地回答了"是什么？怎么办"的问题。首先，关于实施乡村振兴战略的重要性论述。王亚华等认为，乡村振兴战略是中国农村发展的新战略，关系到农村现代化进程、城乡融合发展和居民生活水平的提升，为新时代农业农村工作提供了战略设计和总体部署，指明了未来发展方向[2]。贺雪峰认为，中国的乡村振兴战略旨在解决城乡发展不平衡的问题，为不具备进城能力和资源的农民提供基本的生活保障和支持，这关系到亿万农民的

---

[1] 参见习近平：《习近平著作选读》（第二卷），人民出版社2023年版，第26页。

[2] 参见王亚华、苏毅清：《乡村振兴——中国农村发展新战略》，载《中央社会主义学院学报》2017年第6期。

切身利益以及社会的整体稳定与发展。[1] 其次，还有学者对乡村振兴的理论渊源和科学内涵进行了解读。黄祖辉阐释了乡村振兴的科学内涵，他认为，乡村振兴战略是中国发展的重要战略之一，旨在通过与城市化战略相结合、改革农村的产权与经营制度、完善乡村治理、提升农民组织化程度以及通过教育和社保政策提高农民素质来实现农村的全面发展和现代化。这一战略强调政府与市场的合理分工，政府主导下的公共服务和产品供给，市场在资源配置中的主导作用，以及行业组织在两者之间的桥梁作用。理解乡村振兴战略的科学内涵，尤其是"二十字"政策的具体任务和目标之间的相互关联，对于有效推进这一战略至关重要。[2] 张海鹏等认为，中国乡村振兴战略既继承了马克思主义关于农村发展的基本理论，强调农村与城市的有机结合及农村经济的现代化。又是对历代共产党人关于农村发展的思想的总结与提升，反映了中国特色社会主义理论体系的延续与发展。[3] 叶敬忠认为，乡村振兴战略的核心问题是"乡村如何更好发展"。这一问题的提出，旨在回应乡村发展的不平衡、不充分及发展质量等多方面的挑战。乡村振兴战略强调在城乡融合的基础上，优先发展农业农村，并关注实现乡村的经济、社会和生态的可持续发展。通过调整发展模式和政策，

---

[1] 参见贺雪峰：《关于实施乡村振兴战略的几个问题》，载《南京农业大学学报（社会科学版）》2018年第3期。

[2] 参见黄祖辉：《准确把握中国乡村振兴战略》，载《中国农村经济》2018年第4期。

[3] 参见张海鹏，郜亮亮，闫坤：《乡村振兴战略思想的理论渊源、主要创新和实现路径》，载《中国农村经济》2018年第11期。

乡村振兴战略试图推动乡村与城市的协调发展，从而实现国家和民族的整体振兴。[1]

(二) 乡村振兴路径研究

乡村振兴是一个复杂的系统工程，需要从产业、人才、文化、生态、组织等多个方面综合施策。

1. 关于乡村产业振兴的研究

产业振兴是乡村振兴的基础。通过农业现代化、特色农业、农产品加工业、乡村旅游等多种形式，提升农村经济效益。学者们对乡村产业振兴的研究从以下三个方面展开：

第一，促进农业现代化。通过科技创新和农业机械化，提高农业生产效率和农产品质量。数字信息技术在推动农村产业发展和乡村振兴方面发挥了重要作用，促进了农业生产的转型升级，提高了生产效率和生态环境治理能力。通过互联网和物联网的应用，数字经济拓宽了农产品销售渠道，推动了农村电商的发展，并为农民提供了获取知识和技能的便利途径。因此，加大对农村信息基础设施的投入，提升数字素养和技能，将有助于实现乡村治理的有效性与农民自治的良性互动，进一步助力乡村的可持续发展。[2]

第二，实现产业融合。促进一二三产业融合发展，延伸农业产业链，发展农产品加工和乡村旅游。周立等提出，在中国

---

[1] 参见叶敬忠：《乡村振兴战略：历史沿循、总体布局与路径省思》，载《华南师范大学学报（社会科学版）》2018年第2期。

[2] 参见张蕴萍、栾菁：《数字经济赋能乡村振兴：理论机制、制约因素与推进路径》，载《改革》2022年第5期。

乡村振兴战略中,推动产业融合以重拾农业的多功能性是解决乡村衰落问题的关键。农村基础设施和公共服务的均等化,能够满足城市居民对优质生活的需求,促进乡村新业态的培育。实现这两种效应的互动,将提升乡村经济、社会和生态效益,进而提高农民收入,为乡村振兴的全面落实奠定基础。[1] 陈学云等分析了在乡村振兴战略实施的过程中三产融合的必然性,他们认为,因规模经济和范围经济的作用,产业融合能够实现利益的再分配,从而推动乡村振兴。尽管农村三产融合水平不高且提升缓慢,主要受限于二三产业发展滞后,但总体趋势呈上升。农业的弱质特征,如自然风险和市场波动,导致农产品收入弹性小,影响了农业的可持续发展。为克服这些问题,有必要建立完善的利益分配机制,并推动产业链延伸、技术融合及区域协调发展,从而提升农产品附加值,促进乡村振兴战略的实施。[2] 乡村旅游作为实现农业多功能性与游客体验需求对接的重要平台,具有较好的与乡村振兴战略的耦合性,并且在推动乡土文化传承、美丽乡村建设和乡村治理转型等方面发挥了重要作用。为更好地推进乡村振兴战略,需加强对乡村旅游的引导与管理,重视农村居民的主体性作用,深化产业融合,确保农业基础地位,从而实现乡村的可持续发展与共同富裕。[3]

---

[1] 参见周立,李彦岩,王彩虹,方平:《乡村振兴战略中的产业融合和六次产业发展》,载《新疆师范大学学报(哲学社会科学版)》2018年第3期。

[2] 参见陈学云,程长明:《乡村振兴战略的三产融合路径:逻辑必然与实证判定》,载《农业经济问题》2018年第11期。

[3] 参见蔡克信,杨红,马作珍莫:《乡村旅游:实现乡村振兴战略的一种路径选择》,载《农村经济》2018年第9期。

第三，培育新型农业经营主体。培育家庭农场、农民合作社、龙头企业等新型农业经营主体，提升农业生产的组织化程度。温铁军等探讨了乡村振兴战略中产业兴旺的实现方式，强调了制度创新的重要性，并提出了一系列具体的制度创新建议。他们通过分析农业多功能性、社会化农业、两型农业以及发展集体经济的概念，为乡村振兴提供了新的思路和路径。[1] 刘海洋通过分析乡村产业挑战，提出以农业优化升级和三产深度融合为核心的振兴路径，提升农业生产质量、优化结构、加强基础设施建设、推进信息化、培育新主体、挖掘社会功能、发展新业态，从而实现乡村产业振兴。[2] 实施乡村振兴战略是解决我国"三农"问题的重要手段，强调乡村产业兴旺是实现高质量发展的必要条件。不同地区应根据资源禀赋制定差异化的产业发展策略，以优化产业结构和布局。同时，推进新型城镇化和农业现代化，促进农业转移人口市民化，有助于缓解农村劳动压力。此外，深化农村改革、加强城乡融合发展体制机制是推动乡村产业兴旺的动力源泉，确保粮食生产与需求结构匹配，以满足人民日益增长的美好生活需要。[3]

2. 关于乡村人才振兴研究

人才是乡村振兴的核心。乡村人才振兴对于乡村经济发展、

---

[1] 参见温铁军，杨洲，张俊娜：《乡村振兴战略中产业兴旺的实现方式》，载《行政管理改革》2018年第8期。

[2] 参见刘海洋：《乡村产业振兴路径：优化升级与三产融合》，载《经济纵横》2018年第11期。

[3] 参见李国祥：《实现乡村产业兴旺必须正确认识和处理的若干重大关系》，载《中州学刊》2018年第1期。

公共服务提升、社会治理创新、文化传承与生态保护等方面都至关重要。如何促进乡村人才振兴成为众多学者研究的重要议题，主要围绕职业技能培训、科技人才下乡、乡贤参与基层治理等方面展开。

第一，通过职业教育和技能培训，提高农民的综合素质和职业技能。李博探讨了人才振兴在乡村振兴中的重要性，提出了包括新型职业农民培育、村三委核心作用、返乡就业创业支持、专业人才补充和农业科技队伍建设等五大政策建议，强调人才振兴是乡村振兴的关键，需政策支持促进各类人才的发展。[1] 实施乡村振兴战略是我国新时代的重大举措，旨在解决主要矛盾和弥补发展短板。为此，必须破解人才瓶颈，分析乡村人才建设的成因与政策演进，明确乡村人才建设的方向和路径。目前，乡村面临人才外流、治理水平不足等挑战，亟须培养具备绿色发展理念的农业人才，推动乡贤型人才和道德楷模的建设。此外，建立健全乡土人才培养机制，通过政府、高校和社会力量的合作，提升乡村专业型人才的素质和数量，促进乡村治理与发展的良性循环。[2]

第二，鼓励乡贤参与基层治理，发挥表率作用。徐学庆认为，新乡贤在乡村振兴中发挥着重要作用，他们不仅是乡村自治的主导力量，也是推动产业、生态和文化振兴的关键因素。新乡贤通过自身的成功经验和道德威望，引导乡村经济发展，

---

[1] 参见李博:《乡村振兴中的人才振兴及其推进路径——基于不同人才与乡村振兴之间的内在逻辑》，载《云南社会科学》2020 年第 4 期。
[2] 参见蒲实，孙文营:《实施乡村振兴战略背景下乡村人才建设政策研究》，载《中国行政管理》2018 年第 11 期。

促进绿色发展理念的落实，并积极传承和弘扬社会主义核心价值观。他们的参与能够有效改善乡村的生态环境，提升农民的文化素养，推动社会风尚的变革，从而实现乡村的全面振兴。[1]钱再见等认为，新乡贤在乡村振兴中扮演着重要的角色，他们不仅是具备德才的贤能人士，还能通过其丰富的经验和知识，推动乡村治理的现代化。新乡贤的文化价值与传统乡贤文化的传承相结合，能够激活乡村的文化动力，增强乡村社会的凝聚力和发展潜力。此外，他们在促进乡村经济、社会和生态的全面发展中，起到引领和示范的作用，从而为实现乡村人才振兴提供了强大的助推力量。通过建立良好的文化氛围和多元化的参与机制，新乡贤能够更好地"回得来""留得住""干得好"，为家乡建设贡献智慧与力量。[2]

3. 关于乡村文化振兴的研究

乡村文化是乡村振兴的重要组成部分。通过文化传承、文化创意产业和文化活动，提升乡村文化软实力。目前学者多关注乡村文化振兴在乡村振兴战略中的重要性和具体发展路径。乡村文化振兴是对中国乡土文化的弘扬与保护，旨在通过传承中华优秀传统文化与时代同步，融入社会主义核心价值观，推动乡村的可持续发展。它不仅强调乡村产业振兴、人才振兴、生态振兴和组织振兴的内在关系，还着重于提升乡民的文化素养，以实现乡村文化与产业的双翼齐飞。同时，乡村文化振兴

---

[1] 参见徐学庆：《新乡贤的特征及其在乡村振兴中的作用》，载《中州学刊》2021年第6期。

[2] 参见钱再见，汪家焰：《"人才下乡"：新乡贤助力乡村振兴的人才流入机制研究——基于江苏省L市G区的调研分析》，载《中国行政管理》2019年第2期。

注重对传统文化的生产性保护,促进传统与现代文化的融合,以满足乡村群众对美好生活的需求,调节城乡文化发展不平衡的问题,从而为乡村振兴战略的实施提供思想基础和智慧支撑。[1] 吴理财等认为,乡村文化振兴不仅是乡村振兴的题中之义,更是实现乡村全面振兴的基础和动力,具有深远的战略意义。在现代化进程中,乡村文化产业在乡愁消费和旅游时尚的推动下迎来了发展机遇,强调了乡村伦理和文化治理的重要性,以促进乡村振兴和社会治理的有效性。同时,乡村振兴战略提出了多元主体合作的文化治理体系,以应对乡村文化的空心化和精神的空虚化问题。[2] 宋小霞等认为,乡村振兴需要以文化为先导,强调农民思想道德建设,弘扬传统文化,培养文明乡风、良好家风和淳朴民风。乡村文化不仅是治理的基础,也是经济发展的重要纽带。提升乡村文化建设水平,不仅能促进经济健康发展,还能促进社会全面进步。因此,乡村振兴的关键在于文化建设,通过加强思想道德建设、传统文化的弘扬和乡风的培育,推动乡村可持续发展。[3]

4. 关于乡村生态振兴的研究

一方面,生态振兴是乡村可持续发展的保障。通过生态农业、绿色能源和环境治理,改善乡村生态环境。生态振兴需要

---

[1] 参见范建华,秦会朵:《关于乡村文化振兴的若干思考》,载《思想战线》2019年第4期。

[2] 参见吴理财,解胜利:《文化治理视角下的乡村文化振兴:价值耦合与体系建构》,载《华中农业大学学报(社会科学版)》2019年第1期。

[3] 参见宋小霞,王婷婷:《文化振兴是乡村振兴的"根"与"魂"——乡村文化振兴的重要性分析及现状和对策研究》,载《山东社会科学》2019年第4期。

科学规划和严格监管，确保生态建设与经济发展相协调。温铁军指出，乡村生态振兴是中国在全球化背景下实现稳定发展的重要战略之一。通过强调生态文明与乡村振兴的结合，乡村的低成本自治是国家政治稳定的基础。治理的有效性在于尊重气候和地理所带来的多样性，推动多元化的社会结构和良性互动关系，从而实现经济文化活动的有序发展。只有加强中央与地方的协调能力，弥补短板，才能确保乡村振兴战略的成功落实，为中国的可持续发展提供坚实保障。[1]

另一方面，生态宜居是乡村振兴战略的重要组成部分，强调自然生态与人文生态的和谐共生。良好的生态环境是农村发展的核心优势，改善人居环境不仅关乎农民的生活质量，还促进了农村社会的发展。通过建设美丽宜居乡村，能够激发农村内生动力，推动生态保护和乡村文化的传承。[2]农村生态环境治理应采用生态系统方法，强调全面保护和管理各类资源，尤其是水污染和固体废弃物的治理。同时，政府、企业和环保组织需共同参与，提升农民的环保意识，促进经济与生态的协调发展。通过建立健全的法律法规和鼓励公众参与，形成一个综合治理体系，以实现农村生态的可持续发展。[3]

乡村振兴战略是中国响应乡村衰落世界性难题的战略部署，

---

[1] 参见温铁军：《生态文明与比较视野下的乡村振兴战略》，载《上海大学学报（社会科学版）》2018年第1期。

[2] 参见孔祥智，卢洋啸：《建设生态宜居美丽乡村的五大模式及对策建议——来自5省20村调研的启示》，载《经济纵横》2019年第1期。

[3] 参见温暖：《多元共治：乡村振兴背景下的农村生态环境治理》，载《云南民族大学学报（哲学社会科学版）》2021年第3期。

其路径包括建立健全乡村治理体系、推动城乡融合发展、延长土地承包期限以及发展和繁荣农村经济等方面。通过这些措施，旨在稳定农民预期、保护土地权益、促进农村现代化，同时激发农民参与乡村建设的积极性，构建现代农业产业、生产和经营体系，支持农民就业创业，实现农业、农村和农民的全面振兴。[1]

四、文献评析

从以上文献梳理可以看出，针对"农牧交错带""社会变迁及乡村社会变迁""乡村振兴战略"等主题，学术界已经探索出较多的成果，这些探索是本研究能够顺利开展的基础，但是已有文献还存在一些可进一步研究的空间。

第一，针对"农牧交错带"的研究而言，从学科归属分析，成果多集中在生态学、气象学、农学、草学等理工农学科，人文社会科学以及跨学科研究成果相对较少；从研究视角分析，相关研究多集中在宏观层面，多关注大尺度变化，对村域等小尺度景观变化的复杂过程和深刻关系研究不足。如农牧交错带的界线变迁、生态变化等等；从研究内容看，相关成果多集中在基础理论层面，如农牧交错地带的定义、空间分布等等。这些战略设计如果要运用在实践中，必须要有承接的载体，而具体社区提供了这一可能性。所以本研究将从社区场域出发，从社区变迁的角度，探讨实现乡村振兴的具体路径。

---

[1] 参见王亚华，苏毅清：《乡村振兴——中国农村发展新战略》，载《中央社会主义学院学报》2017年第6期。

第二，就"社会变迁及乡村社会变迁"研究来看，近年来，社会变迁及乡村社会变迁研究在学术界引起了广泛关注，特别是在中国这样一个经历了快速城镇化和现代化进程的国家。当前的研究成果、存在的不足以及未来的发展方向可以从以下几个方面进行总结。首先，研究在理论层面取得了显著进展。学者们通过不同的理论视角，如现代化理论、依赖理论、世界体系理论等，对乡村社会变迁进行了多维度的分析。其次，在实证研究方面，大量的田野调查和数据分析为研究提供了坚实的基础。研究揭示了乡村社会在经济结构、社会结构、文化价值观等方面的显著变化。例如，农民收入来源多样化、农村基础设施改善、农村人口流动等现象都得到了详细的描述和分析。此外，研究还关注了乡村治理、农村教育、医疗卫生等具体领域的变迁，提出了许多有价值的政策建议。尽管取得了不少成果，当前的研究仍存在一些不足。首先，理论与实证结合不够紧密，部分研究缺乏扎实的数据支持，导致结论的普适性和可靠性受到质疑。其次，研究视角相对单一，更多关注经济和物质层面的变迁，而对文化、社会心理等方面的研究相对较少。此外，研究中存在"城市中心主义"倾向，忽视了乡村社会自身的动态和内生发展动力，容易导致片面的结论。本研究将结合社会学、人类学、经济学、政治学等多个学科的理论和方法，构建更加全面的分析框架。其次，本研究会注重多层次、多维度的实证分析，特别是加强对微观个体和家庭层面的研究，揭示更为细致的社会变迁过程。此外，应重视乡村社会的内生发展动力，探索乡村社区在全球化背景下的自主发展路径。同时，研究应关注政策的制定和实施效果，提供具有实际操作性的政策建议，促进乡村社会的可持续发展。

第三，就针对"乡村振兴战略"的研究来看。乡村振兴战略研究在理论和实践层面都取得了显著进展。首先，理论研究明确了乡村振兴的总体框架，包括产业振兴、人才振兴、文化振兴、生态振兴和组织振兴五个维度。学者们通过政策解读、区域案例分析等多种方法，深入探讨了如何实现城乡融合、农村经济转型升级以及农民收入增长的路径。实证研究方面，大量的田野调查和数据分析揭示了乡村经济结构优化、基础设施改善、农村生态环境保护和社会治理创新等具体成效，部分地区的成功实践也为其他区域提供了可借鉴的经验。然而，当前研究仍存在不足。首先，理论研究多侧重政策解读，对具体落实措施研究仍需进一步加强。其次，研究视角多集中于经济振兴，对乡村文化、生态振兴等方面的关注相对较少，且对乡村内生动力的探讨较为薄弱。此外，乡村振兴战略实施过程中，存在政策执行与乡村现实需求不匹配的问题，部分地区的振兴措施难以取得预期效果。本研究将深入开展微观层面的实证分析，以揭示政策的实际效果和社会变迁过程。此外，应重视乡村的内生发展动力，探讨在全球化和数字化背景下，乡村自主发展的路径，推动可持续的乡村振兴。

第三节　田　野　过　程

田野过程记录在课题研究中至关重要，因为它提供了第一手的实地数据和真实情境，帮助研究者深入理解被研究对象的生活方式和文化意义。通过系统的观察和参与，研究者能够捕捉到社会动态、建立信任关系以及灵活调整研究方向，从而验证和丰富理论框架。这种实证基础不仅增强了研究的可信度，也使研究成果更具深度和广度，有助于全面揭示复杂的社会现象。

一、选择田野点缘由

在进行田野点选择时，笔者经过深思熟虑的考量，主要基于以下几个关键因素。首先，笔者的选择与自身的社会环境息息相关。笔者的家乡位于陕西省榆林市北部，紧邻内蒙古自治区鄂尔多斯市乌审旗，这一地理位置具有独特的文化交汇特征。该地区作为中西部交界的前沿地带，自然地成为不同文化和生活方式的交汇点。因此，笔者从小便处于这一文化交融的环境中，接触了多种地方文化和风俗习惯。家乡的地理位置使笔者能够接触到包括蒙古族在内的多种文化的影响。笔者的亲友中有许多人选择前往乌审旗从事商业或务工活动，这些活动带来了蒙古族的特色食品和饮食习俗。通过与这些亲友的接触和交流，笔者逐渐对这些异域文化产生了浓厚的兴趣。特别是在日常生活中，这种接触不仅丰富了笔者的文化视野，也影响了笔者的研究兴趣和方向。此外，笔者的研究兴趣受到家乡文化多样性的影响。家乡的文化环境使得笔者对区域内的社会变迁、文化交流等议题产生了浓厚的兴趣。笔者在这一环境中成长，对地方文化的多样性有了更深刻的理解，这种独特的背景和经验也成为笔者进行田野研究的基础。通过在这样的文化交汇区进行田野研究，笔者希望能够更好地理解不同文化背景下的社会变迁和文化互动，以及这些因素如何影响地区的发展和居民的生活。

笔者身边的亲戚朋友们对内蒙古地区及其独特文化的强烈认同感，引发了笔者对这一现象背后逻辑的深入好奇。笔者不断思考：为什么身为汉族的他们，会对内蒙古的文化以及生活在那里的人民产生如此深厚的认同感？这种跨越地域的文化认同和情感归属，是否仅仅源于长期的互动和接触，抑或是存在更深层次的心理和社会因素？

在这一过程中，笔者意识到，这种认同不仅仅是对某种文化或习俗的欣赏，更是对生活方式、价值观念和情感寄托的深刻理解。尤其是在近年来，随着区域间的交流日益频繁，许多汉族朋友在内蒙古生活时，逐渐被那里的自然风光、传统习俗和人际关系所吸引。

带着这些疑问，笔者决定将研究重点放在内蒙古文化聚居区，通过田野调查来揭示这些现象背后的真相。笔者希望能够深入了解在这种复杂的文化交融中，生活在这一地区的人们是如何形成对彼此的认同感，以及这种认同在日常生活中是如何体现的。通过观察和访谈，笔者期待能够捕捉到更多关于文化认同的细微变化，进而为这一现象提供更为全面的分析与理解。

此外，笔者在进行研究生创新项目的过程中，多次路过内蒙古乌审旗的陶利嘎查。每次途经这里，笔者都为当地繁荣的商业景象和大量涌入的外来务工人口所吸引。陶利嘎查不仅吸引了来自不同地区的蒙古族人，也吸引了其他少数民族和汉族群体前来谋生。笔者非常好奇，在文化、习俗各异的情况下，这些群体如何能够和谐共处于同一片空间之下？是什么样的社会机制、文化调适或经济动力，促成了这一多元文化共生的局面？这一切都成为笔者选择陶利嘎查作为田野点的重要原因。

在确定田野点之后，笔者便开始为进入田野进行全面准备。2019年12月，笔者通过网络查阅了大量与陶利嘎查相关的文献资料，并仔细研读了地方志等书籍，以期对陶利嘎查的历史背景、社会结构和文化特点有一个初步的了解。这一阶段的文献调研为笔者的田野工作奠定了坚实的理论基础。

在文献查阅过程中，笔者不仅关注了陶利嘎查的历史沿革，还特别留意了其地理环境、经济发展、民俗文化等方面的信息。通过对地方志、学术论文和相关书籍的深入分析，笔者获取了大量关于陶利嘎查的第一手资料，这些资料为后续的实地考察提供了重要的参考依据。同时，笔者还查阅了一些对比研究，了解其他类似乡村的振兴经验与教训，以丰富自己的视野并为后续的田野调查提供借鉴。

此外，笔者还在网络上寻找并阅读了与陶利嘎查相关的新闻报道和社交媒体上的讨论，以便捕捉到当地居民对自身生活及社区发展的真实看法和感受。这些信息使笔者意识到，陶利嘎查在发展过程中所面临的机遇与挑战，以及当地居民对于乡村振兴的期待与担忧，从而为田野调查的具体问题设计提供了灵感。

为了更好地准备进入田野，笔者还制定了详细的调查计划，包括确定访谈对象、设计访谈提纲以及考虑如何与当地居民建立信任关系。通过这一系列的准备工作，笔者希望能够在田野调查中更深入地了解陶利嘎查的真实面貌，挖掘出更为丰富的社会文化信息。这一阶段的文献调研，不仅是为后续实地考察打下了理论基础，更是在心态和认知上做好了充分的准备，以迎接即将到来的田野工作。

2020 年春节期间，笔者得到了父亲的帮助，联系到了家乡的一位熟人 G 先生。G 先生从十几岁开始便在陶利嘎查打工，对当地的情况了如指掌，虽然现在他已经离开了陶利嘎查，但他与当地人之间依旧保持着深厚的友谊。在 G 先生的引荐下，笔者成功联系到了陶利嘎查的嘎查长 HSCKT。经过沟通，HSCKT 同意了笔者的调研请求，并为笔者进入当地开展调查工作提供了宝贵的支持。

通过这些前期准备工作，笔者不仅为顺利开展田野调查奠定了基础，还进一步加深了对研究对象的理解。这些努力不仅仅是为了获取资料，更是为了在田野调查中能够更加精准地捕捉到当地人的真实生活状态和文化实践。这一系列准备工作，使得笔者在正式进入田野时，能够迅速融入当地社会，与调查对象建立起信任关系，进而顺利开展后续的研究工作。

二、田野过程

2020 年 7 月 10 日，笔者从家里出发前往陶利嘎查准备进行田野调查。父亲开车送笔者前往田野点，一场陶利之行将父亲的思绪拉回在了二十年前，在前往的途中父亲为笔者讲述了二十年前自己在陶利嘎查务工的经历以及前往陶利路途上的变化，父亲一次次地感叹"现在社会越来越好了，二十多年前我们去陶利都需要花费一天的时间，如果遇上恶劣天气的话，甚至得好几天才能到家，现在不到两小时就可以到了"，也许是父亲上了年纪的缘故，抑或是道路变化太大，仅凭着父亲的记忆已经无法顺利到达陶利嘎查了，最后不得不借助于导航才顺利到达陶利嘎查。沿着乌靖线从东到西进入陶利嘎查，最先进入眼帘的是陶利嘎查新建的停车场，这个旨在服务于过路司机，发展村集体经济的停车场正在修建，即将投入运营。接着便会看到陶利卫生院和一栋像行政机关大楼的二层楼房，这就是陶利嘎查委员会。到达陶利街上后，在 G 先生的电话指引下我们先到 G 先生家中，在和 HSCKT 联系过后得知，他没在嘎查，陪同苏木长检查工作去了，便相约在第二天上午见面，中午 G 先生家用蒙古族特色的风干羊肉接待了我们，第二天上午顺利见到了 HSCKT，并且在他的介绍下，笔者以实习生的身份，在陶利嘎查开展田野调查。

在陶利嘎查"实习"的这段时间，笔者的主要任务是跟随旗政府派驻嘎查的扶贫工作队，协助他们完成与扶贫相关的各项工作，特别是在整理资料和进行入户访谈方面。期间，笔者在陶利嘎查进行田野调查，得到了驻村工作队的极大支持和帮助，尤其是驻村第一书记 BRBYE，他是笔者非常重要的访谈对象。作为一名蒙古族人，BRBYE 对本民族的风俗习惯和民族心理有着独到的见解，这使得与他的交流充满了启发性。笔者曾多次对他进行深度访谈，获取了大量宝贵的访谈资料，帮助笔者更深入地了解当地的文化和社会状况。

此外,在入户访谈的过程中,BRBYE还承担了翻译的工作,确保笔者的访谈和问卷能够顺利进行,克服了语言障碍带来的困难。他的帮助不仅使访谈更加顺畅,也提升了数据收集的效率。除了BRBYE,驻村工作队员WT和DCW两人也为笔者的调研提供了大量的支持。由于内蒙古地区人烟稀少、居住分散,笔者在调研期间面临的最大挑战便是交通不便。为了帮助笔者克服这一困难,工作队员们曾多次陪同笔者进行入户访谈,甚至主动将车辆借给笔者,这为笔者的调查工作提供了极大的便利,使得数据收集得以顺利进行。通过他们的支持与协助,笔者的调研工作得以顺利推进,收集到了丰富而有价值的资料。

笔者在调研期间,为了保证调查对象的全面性和调查结果的有效性,在嘎查干部和驻村干部的介绍下对本村农牧民进行了多次访谈,其中包括FJD、LBN、HQLDEJ等汉族农牧民,他们都是从陕西榆林迁来,迁移时间长短不一,在与他们访谈的过程中,我感受到了他们对"小老乡"的热情,访谈过程也是相谈甚欢,在FJD家吃过饭之后,老人家还一直说以后再来啊;蒙古族农牧民ATGBW、JRMT、SQBTE等,他们虽然多数对汉语的运用不是很熟练,但还是很努力地想要表达清楚自己的意思,让我感受到了蒙古族人民的热情;通过对历任村干部的访谈,让笔者了解到了村庄的发展变迁的重要事件,当被问到不了解的话题时,他们会推荐你去找了解的人进行访谈;除此之外,对村干部的访谈也让笔者获取了大量的资料,尤其是对土地资源、人口结构、生计方式等村庄基本情况。

"实习生"的身份为笔者的田野调查带来了极大的便利，尤其是在与村干部以及村民的互动中，他们的配合程度非常高，尽可能地为笔者提供所需的资料和信息。这种亲近感使得笔者能够更顺利地收集到大量的第一手资料。然而，这种便利性也伴随着一定的局限性。例如，笔者的入户访谈大多是跟随村干部进行的，这导致村民在交流时将笔者视作"上面"派遣的干部，因此在某些话题上，他们往往表现得比较谨慎，甚至不愿意深入探讨。在一次进行问卷调查时，一位被访者在听到笔者询问有关语言交流和学习的问题时，立刻产生了顾虑，认为笔者是从上级单位派来做调查的。类似的情况也曾多次出现，一些农牧民将笔者误认为是负责扶贫工作的干部，主动向笔者询问扶贫资金、政策等问题，甚至试图请求帮助。

因此，虽然"实习生"的身份在一定程度上促进了资料的获取，但也给笔者带来了不少困扰和烦恼。在这样的背景下，笔者发现要想获取更真实、深入的调查数据，需要在与村民的关系上进行更细致的把控，努力建立起一种更为信任的交流环境，以便让村民能够放下顾虑，坦诚地分享他们的想法和经历。这种挑战促使笔者不断反思自己的角色定位，试图在调查中找到更为有效的沟通方式。

近几年，笔者一直通过各种途径关注这里的发展情况，并于2024年8月再次回到陶利嘎查进行短期调研。这次重返陶利，和几年前的情景相比，嘎查的发展变化让笔者感慨良多。陶利嘎查的基础设施建设有了显著提升，集体经济发展迅速。此次调研中，笔者不仅走访了几位老朋友。笔者还注意到，近年来嘎查的乡村振兴工作取得了显著成效，村民的生活水平得到了很大的改善，这与当年驻村工作队的努力密不可分。在与村干部和居民的交谈中，笔者发现，现代化的农牧业设备以及信息化管理手段的引入，使得传统农牧业得到了升级转型，年轻一代对待农业的态度也有所转变，愿意尝试新的种植和养殖模式。

然而，尽管陶利嘎查在许多方面取得了显著的进步，依然存在一些亟待解决的问题。村民对于外界的认知仍然较为有限，尤其是在教育资源的缺乏方面，这种现象尤为突出。这种教育资源的不足直接影响了年轻一代的知识水平和视野，使他们在面对现代社会的机遇和挑战时显得相对无力。此外，缺乏多样化的学习渠道和信息获取途径，使得村民们难以接触到更广泛的知识和先进的思想，进一步制约了他们的个人发展和社会适应能力。因此，如何改善教育资源的配置，拓宽村民的视野，提升整体知识水平，成为陶利嘎查未来发展的重要课题。

在调研期间，笔者与几位村干部进行了深入的交流，他们对嘎查未来的发展充满了信心和期待。特别是如何在保留民族文化特色的同时实现现代化发展的方面，他们提出了许多富有创意和可行性的想法。这些构思不仅展现了他们对本地文化的热爱，也反映出对未来发展的清晰愿景。这次调研经历不仅加深了笔者对陶利嘎查的整体了解，也使笔者对内蒙古地区乡村振兴与民族融合的复杂性和重要性有了更加深刻的认知和理解。未来，笔者希望能够持续关注和记录这一地区的变化，努力为这片土地的发展贡献自己微薄的力量，与村民们共同见证和参与这个充满希望的转型过程。

第一章　陶利镜像：田野工作地点的概述

我国著名社会学家费孝通先生认为，将研究人员的研究范围限定在一个小的社会单位内进行，能够更好地对研究对象的生活进行深入细致的研究。[1] 陶利嘎查便是笔者选取的调查地点。"陶利"在汉语中是镜子的意思，因其方圆30公里以内是一片滩地，形状像一面镜子，陶利由此而得名。陶利嘎查位于内蒙古乌审旗西南部，是以畜牧业为主、农牧结合的牧业嘎查。首先，陶利嘎查地理位置优越、交通便利，215省道穿村而过，是乌审旗前往陕西靖边、宁夏银川的必经之地；气候宜人，而且拥有丰富的自然资源，数十万亩的草牧场是陶利嘎查成千上万牛羊的栖息地，也是当地农牧民赖以生存的家园。其次，陶利嘎查矿产资源丰富，天然气储量惊人，世界级整装天然气田坐落在嘎查内，每年为周边省份提供着大量的就业岗位，也不断为陶利嘎查投资兴建基础设施。再次，嘎查内人口众多，以当地的居民为主，蒙古族占多数，汉族占少数。除此

---

[1] 参见费孝通：《江村经济》，戴可景译，北京大学出版社2012年版，第9页。

之外，外来人口较多，主要以气田工人、陶利街上的生意人和周边前来租种土地的汉族农民为主。最后，陶利嘎查农牧民以种植和养殖为主要的生计方式，牛羊是其主要的饲养畜种，其他牲畜如猪、鸡等只是少数饲养，以供家庭自用。

第一节 区域概况：农牧交错带的乡村社区

乌审旗隶属于内蒙古自治区鄂尔多斯市，地处我国北部地区，位于内蒙古自治区与陕西省交界地带。在历史上，乌审旗游牧地区与农耕区以长城为界，清廷"放垦蒙地"政策实施后，汉族移民开始迁入此地。乌审旗境内主要由沙地、半沙漠、洼地构成，是鄂尔多斯高原向陕北黄土高原过渡的低洼地带。是蒙汉民族交流互动的前沿地带，也是游牧文化与农耕文化的交汇地带。陶利嘎查地处乌审旗的西南部，主要由沙地和滩地构成，矿产资源丰富，世界级整装大气田——苏里格气田就在其境内。

一、地理环境

陶利嘎查隶属于内蒙古鄂尔多斯市乌审旗苏力德苏木管辖，坐落于乌审旗的西南部，地理位置优越，成为通往陕西靖边和鄂托克前旗的必经之地，因而具有明显的交通优势。这一地区的交通便利性不仅促进了当地经济的发展，也为居民的生活提供了更多便利。

乌审旗地处毛乌素沙漠的腹地，地势由西北向东南倾斜，整体海拔在1300到1400米之间，相对高差在30到80米之间。这里的地形主要以滩地和沙丘为主，嘎查北部的滩地分布广泛，拥有丰富的地下水资源，极大地促进了牧草的生长和养殖业的发展。而南部和西南部则以沙丘和半沙丘为主，土地多为荒地，面临一定的生态挑战。

陶利嘎查内自然资源丰富，陶利河滋养着陶利滩，为众多植物提供了生存的空间和良好的生长环境。这里的植被不仅为当地的生态系统增添了活力，也为居民的畜牧业和农业生产提供了重要的支持。总的来说，陶利嘎查凭借其独特的地理位置和丰富的自然资源，展现出良好的发展潜力。

乌审旗地区地处我国北部，长期受极地大陆冷气团控制，受海洋热带暖气团影响时间较短，属温带极端大陆性季风气候。该地区常年日照充足，全年日照时间长达2800–3000小时，积温有效性高。除此之外该地区降雨是季节性的，降水主要集中在夏秋季。降水量变化较大，极不稳定，风沙频繁，属半干旱地区。就2020年来说，自从8月7日立秋以来，降水明显多了起来，仅8月份降雨天气达到10天之多。

陶利嘎查因滩地形状而得名，因此多属于滩地，除此之外，因地处毛乌素沙漠腹部，沙地分布较广，所以整体上看陶利嘎查呈沙、滩镶嵌状态，面积大小不等。根据地下水的深浅不同，将滩地分为干滩、湿滩、水滩。滩地地势都较平坦，植物密集而繁茂，根据滩地土壤性质以及所生长的植物又分为碱滩、芨芨草滩等。滩地地下水一般较浅，土壤湿润，局部积水沼泽化，地表多有盐分积聚，滩周围多是流沙环境。据《乌审旗志》记载:"乌审旗潜水分布广泛,各潜水层之间没有隔水层,存在着密切的水力联系。按富水性分析,在滩地地下冲击——洪积层潜水较丰富。如陶利滩、呼吉尔图滩,单位涌水量大于432吨/日"[1]。据笔者调查,陶利河在春夏基本属于干枯状态,陶利滩多泛盐碱化。在此期间陶利庄稼长势缓慢与缺水有直接的关系,在夏末初秋时期,降水增多,庄稼才进入快速增长时期。

在陶利嘎查境内,沙丘的分布较为广泛,主要以固定沙丘和半固定沙丘为主。当沙丘上的植物基本上被固定时,土壤开始逐渐发育,尽管植物尚未完全覆盖整个沙丘,但在迎风坡处仍可能出现风蚀坑。这种情况下,沙丘已无法向前移动,但仍会有一部分沙丘的沙土沿着地表随风而动,从而形成了半固定沙丘。随着植物覆盖度的逐渐增加,沙土的紧密度也随之提高,流动沙丘的现象不再发生,这时便形成了固定沙丘。陶利嘎查的沙丘主要分布在安都尔社的西南部和查干道亥社的南部及东南部。在这些地区,查干陶日木社和纳林柴达木社的牧场相对较好,沙丘仅在草牧场的边缘零星分布,显示出生态系统的多样性与稳定性。这种沙丘的分布情况不仅影响了当地的植被生长和生态环境,也为当地的牧业发展提供了独特的自然条件。

---

[1] 乌审旗地方志编纂委员会编:《乌审旗志》,内蒙古人民出版社2001年版,第151页。

二、自然资源

（一）土地资源

陶利嘎查土地资源丰富，整个嘎查的草牧场和耕地总面积接近 48 万亩，其中水浇地为 1.1384 万亩，还有部分旱地，其余大部分则为广袤的草牧场。得益于这种丰富的土地资源，陶利嘎查的人均土地面积相当可观。嘎查的总土地面积为 48 万亩，而人口仅为 901 人，平均每人约拥有 532.74 亩（相当于 355,178 平方米）的土地，这一数字远远高于全国的人均土地面积。

陶利嘎查的土地可大致划分为三部分：耕地、草场以及居住用地。其中，草牧场占据了绝大多数的土地资源，耕地面积仅为 1.1384 万亩，约占总土地的 2.4%。居住用地则相对较少，房屋分散地坐落在广袤的草原上，宛如繁星点缀在浩瀚的天空之中。这种独特的居住布局不仅展现了当地人们与自然的和谐共生，也反映出他们对广阔土地的珍惜与利用。截至第七次人口普查时，嘎查共 316 所住宅，分散在 4 个牧业社当中，每个牧业社房屋数量如表 1-1 所示：

表 1-1　陶利嘎查房屋数量分布表

查干陶日木社	纳林柴达木社	安都尔社	查干道亥社	总计
77 所	84 所	121 所	34 所	316 所

表格数据来源：苏力德苏木陶利第七次人口普查数据资料

根据表 1-1 显示房屋数量最多的是安都尔社，但是需要特别注意的是由于企业多集中在安都尔社，其实安都尔社农牧民房屋数量只有33所，其余88所均为嘎查内企业建筑。由此可以看出陶利嘎查的人口主要集中在查干陶日木和纳林柴达木两个社，其根本原因是上述两个社地处陶利嘎查北部和东北部，境内有优质的草牧场，所以人口较为集中，而安都尔社与查干道亥社多分布沼泽和沙漠，不适宜种植庄稼与放牧，所以人口相对较少。

(二) 动植物资源

陶利嘎查自然资源十分丰富，尤以植物资源为最，其物种多样性和数量的可观程度是对这些植物资源的整体概括。蜿蜒曲折的陶利河曾经如画般美丽，宛如盘绕在陶利大地上的一条金色腰带，滋养着广袤的数十万亩牧场，成为成千上万牛羊和马儿的生命之水。河岸两边，盛开的马兰花如海洋般绚丽，近万亩的马兰花在陶利滩上竞相绽放，为这片土地增添了无尽的美丽。

陶利河以其豁达的性情孕育了神奇的马兰花，赋予陶利滩无与伦比的自然景观。然而，近年来，由于连年干旱及其他自然气候因素的影响，这条曾经光彩夺目的金色腰带逐渐干涸，失去了往日的风采，令人感到惋惜。

除了神奇的马兰花，陶利嘎查还拥有其他珍贵的植物资源。例如，臭柏以其中药价值而闻名，树干枝叶呈树枝状，形态优雅；山丹花则是生长在臭柏树之间的奇特花卉，独特而美丽；柠条被当地人称为"四季草"，这种如树似草的植物是大自然赐予沙漠草原的瑰宝，具有重要的生态价值。此外，在陶利嘎查的土地上，人们还可以找到中药材麻黄，这些植物不仅丰富了当地的生态系统，也为居民的生活提供了便利。

在当地，黑格兰是根雕的重要材料之一。根据陶利民间根雕艺术家那顺达来先生的说法，曾经陶利的黑格兰随处可见，许多人用黑格兰制作简单而精美的根雕作品。然而，随着黑格兰资源的日渐稀少，寻找这种材料变得愈发困难，导致黑格兰根雕的制作也日益艰难。如今，许多人开始转而使用普通木材进行雕刻，反映出传统工艺在新环境下的转变与挑战。

（三）矿产资源

陶利嘎查地下蕴含着丰富的矿产资源，尤其是天然气资源，独领风骚，成为当地经济发展的重要支柱。陶利嘎查境内有众多企业，绝大多数与燃气资源密切相关。例如，苏里格第一天然气处理厂是陶利嘎查最大的企业，承担着重要的天然气处理和供应任务。除此之外，中国燃气长蒙陶利首站、乌审中燃天然气有限公司陶利首站以及中石油昆仑燃气有限公司苏里格分公司等企业也在这里落户，它们共同构成了一个庞大的天然气产业链。这些企业的进驻不仅为陶利嘎查提供了大量的就业机会，吸引了大量的流动人口，也为当地经济的快速发展注入了强劲的动力。

除了丰富的天然气资源，陶利嘎查还拥有陶土、黏土等其他矿产资源。这些资源不仅为当地的建筑和陶瓷产业提供了原材料，也为相关行业的发展奠定了基础。陶土的优质特性使其在陶瓷制作中备受青睐，而黏土则被广泛应用于建筑和环保材料的生产。随着资源的开发和利用，陶利嘎查的经济结构正在不断优化，形成了以能源和矿产资源为核心的多元化经济体系。

整体而言，陶利嘎查凭借其丰富的矿产资源，正朝着更加繁荣和可持续的发展方向迈进。

第二节　历　史　回　顾

每一个村庄发展至今，必然有着独特的历史文化，了解村庄的历史，有助于我们更好地把握村庄发展历程，总结村庄发展经验。陶利嘎查作为蒙汉民族共同的居住空间已有百年的历史，在这百年间蒙汉民族不断交流交往交融，共同谱写了陶利嘎查民族团结、共同繁荣的华丽篇章，为铸牢中华民族共同体不断注入动力。

一、陶利嘎查历史

陶利嘎查自有记载以来便一直属于乌审旗的辖地，拥有深厚的历史和文化底蕴。乌审草原历史悠久，地灵人杰，孕育了丰富的人文景观和多样的自然资源。据考古发现，早在旧石器时代，生活在萨日乌素河流域的"河套人"以渔猎为生，展现了当时人类与自然和谐共生的画面。经过几万年的演变与发展，乌审旗及其周边地区逐渐形成了原始部落，这些部落以游牧为生，适应了草原的生存环境。从商代开始，乌审旗便成为各部落的游牧之地，见证了历史的变迁和文化的交融。此后，随着时间的推移，乌审草原在历史的长河中不断发展，成为富有文化积淀和民族特色的土地。

（一）历史建制沿革

陶利嘎查历史悠久，早在秦朝，乌审旗境为上郡辖地；东汉时期，鄂尔多斯地区及乌审旗先后成为匈奴、鲜卑、乌桓、羌等少数民族的牧地，史称羌胡地；唐初建制沿用隋制，武德年间，朔方郡几度易名，在朔方郡与夏州之间来回更换、贞观二年（628年）岩绿县改为朔方县，与夏州同治统万城，今河南乡、沙尔利格一带为其辖地。贞观七年（633年）德静县属北开州管辖，贞观八年（634年）改北开州为化州，贞观十三年（639年），废掉化州，沿用隋朝德静县之名，纳林河、陶利一带为德静县地；五代时期，乌审旗为夏州地，夏州治所统万城，其附近地区为朔方县辖地；北宋、辽、西夏时期，乌审旗为夏州地；元朝时期，乌审旗隶属于陕西行省延安路绥德州辖地，同时又为元朝皇室察罕脑儿辖地，蒙古族入居；明朝时期，明初为察罕脑儿卫地，后为蒙古鄂尔多斯部居地；1635年，蒙古鄂尔多斯部归附后金（清廷前身）。1649年，设置鄂尔多斯右翼前旗，俗称乌审旗，隶属于伊克昭盟管辖；民国时期，乌审旗仍隶属于伊克昭盟管辖。民国建立后成立设立旗衙门，1934年，国民党将旗衙门改为旗政府。同年，中国共产党乌审旗工作委员会成立。中华人民共和国成立后，1950年8月25日，乌审旗人民政府成立。1956年12月1日，乌审旗人民政府改称为乌审旗人民委员会，1967年12月30日，乌审旗革命委员会成立。1980年12月21日，乌审旗人民政府成立，撤销革命委员会。[1] 陶利嘎查位于乌审旗西南部，在大的归属上跟随着乌审旗的变动而改变。

---

[1] 乌审旗地方志编纂委员会编：《乌审旗志》，内蒙古人民出版社2001年版，第89—92页。

（二）行政区划设置

民国时期实行哈喇、苏木制，乌审旗有10个哈喇、42个苏木，陶利嘎查隶属于察哈尔哈喇管辖；民国时期实行嘎查、努图克、保甲制，1926年，席尼喇嘛领导军队掌握了全旗军政大权，建立了党政一体化的内蒙古人民革命党乌审旗委员会及其所属的19个支部，1928年，乌审旗19个内蒙古人民革命党支部改为19个嘎查，1929年内蒙古人民革命党被取缔，1938年后，嘎查改为努图克。嘎查、努图克共19个。陶利嘎查便是其中之一，1940年后19个嘎查改建为19个保。

新中国成立后，乌审旗的行政区划多次变动，1950年9月到1956年8月，实行"区、乡、村"三级行政设置，乌审旗共划分为7个区，陶利乡隶属于第四区（新庙区）管辖，1956年8月至1958年底，乌审旗撤销除河南区和呼吉尔图区外的其他四个区，改建为沙尔利格、陶利、嘎鲁图、乌兰陶勒盖、图克、乌审召6个苏木，1958年底，乌审旗改苏木为人民公社，陶利苏木由此成为陶利人民公社。1982年，旗政府将包括陶利公社在内的6个公社改为陶利苏木，当时陶利苏木下辖6个嘎查村，陶利嘎查便是其中一个。[1] 之后改苏木为镇，原陶利苏木改为陶利镇，2005年撤销沙尔利格镇、陶利镇，合并成立苏力德苏木，原陶利镇所辖嘎查村都由苏力德苏木管辖，由此陶利嘎查隶属于苏力德苏木管辖，一直延续至今。

---

［1］参见乌审旗地方志编纂委员会编：《乌审旗志》，内蒙古人民出版社2001年版，第97—99页。

二、陶利嘎查汉族迁移历史

蒙汉族际互动历史较为久远，但是陶利嘎查蒙汉族际互动的开始的时间并不是很长。据《乌审旗志》记载："因清朝政府对蒙古地区全面推行'放垦蒙地'的政策，乌审旗的部分部落从大小保当、金鸡滩、小纪汗、岔河子、大小苏吉、马哈、巴拉素、雷龙湾、哈兔湾、黄蒿界、靖边、白于山等地迁移到乌审旗图克、乌兰陶勒盖、嘎鲁图、海流图河、新庙、陶利等地区。"[1] 由此可以得知，汉族迁入乌审旗各个地区，是在清朝的"放垦蒙地"政策实施之后开始。

（一）历史上的移民

陶利嘎查历史上的汉族移民主要分为定居与不定居两种情况，定居移民是指在此安家落户，并分到草牧场的人，这些移民在1978年家庭联产承包责任制之前就已经完成了落户工作。不定居移民是在1978年之后，陶利嘎查大量农田被开发，承租给汉族人租种，这部分移民并没有在此落户，他们多数都是在此租房子居住，在陶利嘎查与自己的家乡两边"跑"。

1. 陶利嘎查定居的汉族人

陶利嘎查定居的汉族人都可以追溯到其来源，也就是近百年前开始汉族逐渐移民到陶利的，在这些移民之前多是商旅边客来往，并无定居者。据了解，起初到达陶利的汉族移民并不是很多，直到现在陶利嘎查还是以蒙古族占绝大多数的农牧业

---

[1] 乌审旗地方志编纂委员会编：《乌审旗志》，内蒙古人民出版社2001年版，第174页。

嘎查，在这过去的百年间在陶利嘎查定居的汉族主要分为以下几类：一是前来打工种地的汉族人，这是迁来时间最早的，高家祖上到陶利的时间大概是 19 世纪 20 年代，高家祖上到陶利后与当地蒙古族人结拜为异姓兄弟，由此得以定居；二是汉族逃荒者中的手艺人，这些人集中在 20 世纪六七十年代集体经济时期。主要是以许家、李家两大家族为主，许家当时是木匠，而蒙古族人不善于盖房子、做木工，所以就同意许家在此定居，并且可以将家人都接来，李家主要为生产队放牧和种庄稼；三是被蒙古族人收养的，蒙古族人由于各种原因孩子较少，甚至是没有子女，因此就通过收养汉族子女来抚养，例如王家。

老话说"树挪死，人挪活"。我们老家那时候遇上自然灾害，实在是没办法活了，所以我父亲从 1958 年开始逃荒，从陕西榆林补浪河尔林开始走，那时候根本就没有目的，走到哪儿算哪儿，等走到陶利时候，走不动了，就停下了。我父亲一上来的时候是给陶利大队赶马车的，我母亲给大队喂猪，因为蒙古族人不会养猪，一年之后就把我父母分到了小队里干活，放牧、养猪、种地。站稳脚跟之后，1966 年的时候把我爷爷也都接上来了。在这落了户。以前蒙古族的农业不行，所以收留这些逃荒的汉人种地，搞农业给蒙古族人做技术指导，同样，定居之后的蒙古族人要盖房子也得需要木匠、铁匠这些手艺人，所以会手艺的汉人那时候在这还是非常受欢迎的。（被访谈人：LBN，男，汉族，60 岁，访谈时间：2020 年 8 月 21 日）

那时候我们家里穷，兄弟姐妹 7 人，家里实在是养活不了了，我又是老大，所以早早就出来打工了，9 岁的时候我就开始给地主家放羊，11-17岁的时候在内蒙古给榆林的边客放牧，那时候放200只羊，羊羔皮值钱，所以边客就专门杀羊羔卖羊羔皮。后来就搞社教、"文革"了，回家挣工分了。1968年的时候家里穷的不行，吃不上饭了，我跟着我舅舅到陶利嘎查了，我舅舅是1958年上来的。我一上来那年就是给陶利大队牧场放牧，养猪，种地。我这人从小就老实，从不做亏心事，所以在这名声好，蒙古族人最讨厌的就是偷东西的人，不诚实的人，所以这的人也就接受我了。到1969年的时候当地人给我介绍了个对象。就是我女子她妈妈，她爸爸去世了，留下了她妈妈和她们姐妹两人。所以经过人家的介绍，我就和她妈妈结了婚，在这落户了。我到陶利的时候还是大集体，大家一起劳动一起吃。（被访谈人：FJD，男，汉族，78岁，访谈时间：2020年8月21日）

通过对陶利嘎查汉族迁移的原因及方式，可以看出，汉族迁入蒙地的方式途径各有不同，但是迁移原因无外乎是被这片广袤的土地与成片的草牧场所吸引，在中国大多数农区普遍是人多地少，人多粮少，汉族移民到达这块土地上就仿佛是刘姥姥进了大观园，在他们看来这成片的草场都可以开垦为万顷良田。王明珂在《游牧者的抉择》中写道："在中国农业精华地区，不到一亩地就可以养活一个五口之家，在较贫瘠的山地，如川西羌族地区，约要6-10余亩才能养活这样的家庭。然而在当前内蒙古的新巴尔虎右旗，20亩地才能养一只羊，至少要300—400头羊才能供养一个五口之家因此一个牧民家庭至少需要6000—8000亩土地。"[1] 如此看来,这广袤的土地在汉族移民的眼里遍地都是黄金,这也是那些移民对当地的认同远远超过对自己故乡认同的主要原因。这些我们可以根据汉族移民的讲述明显地感受到。

2. 长盛不衰的"雁行人"

"雁行人"是指在清朝放垦政策实施之后,生活在长城附近的汉族农民租种蒙地,在春天前往蒙地耕种,秋天收获之后,将粮食运回家乡,这种春种秋回的现象被称为"雁行",而这个群体则称为"雁行人"。在清朝初期,乌审旗只有蒙古族一个民族存在,由于放垦政策的实施,乌审旗的民族不再单一,开始出现了蒙汉杂耕的局面。清康熙三十六年(1678年),清政府实行"放垦蒙地"的政策;清康熙五十八年(1719年),清廷批准长城以北30里的土地租给汉人耕种;雍正八年(1730年),放垦增加至50里;雍正十年(1732年),清廷宣布如蒙民同意可以在50里以外,再租放土地。从此旗境靠近长城的地段开始放垦,与乌审旗接壤的神木、榆阳区、横山(怀远)、靖边等县的汉族农民前来垦荒租种土地,于是形成了汉民春种秋回的现象,此现象被称为"雁行"或"跑青年觊"[2]。"雁行者"这个名词对于很多人来说很陌生,但是春种秋回的迁移现象对于世代生活在蒙陕交界上的民众来说是自家先民一步一步走出来的历史。然而,"雁行者"并没有随着社会的发展而消失,只不

---

〔1〕 王明珂:《游牧者的抉择:面对汉帝国的北亚游牧部族》,上海人民出版社2018年版,第26页。

〔2〕 参见乌审旗地方志编纂委员会编:《乌审旗志》,内蒙古人民出版社2001年版,第245页。

过是很少有人记着这个称呼。但是，新时代的"雁行者"与旧时的"雁行者"有着显著的区别。第一，交通发展迅速，往返更加频繁。有的人在陕西和内蒙古同时种植，两边跑。第二，机械化程度高，劳动效率高，一个人就可以经营上百亩的土地。

（二）进入 21 世纪以来的移民

自从 2000 年陶利嘎查天然气资源被发现并开发，气田企业在陶利嘎查落户以来，陶利嘎查一度成为外来务工人口的首选之地。企业的入驻给陶利嘎查带来的人群主要是两个方面的，一是气田工人及其家属，二是生意人，主要是服务行业的生意人。

1. 气田工人及其家属

历年来由于人口流动性强，组织松散不便管理，嘎查一直对外来人口没有确切的数字。直到 2020 年新型冠状疫情暴发以来，全国上下对所属区域内的流动人口进行精确地管理和登记，于是陶利嘎查对所属区域内企业员工进行摸底排查，并对其来源做了详细登记。

第一，如图 1-1 显示，陶利嘎查内企业员工来自以下省区：陕西省、吉林省、宁夏回族自治区、甘肃省、内蒙古自治区、四川省、新疆维吾尔自治区、河南省（各省区按人数多少排序），其中排在前三位的是陕西省、吉林省、宁夏回族自治区，分别占总数的 34.3%、22.7%、12.9%。

第二，根据图 1-1 可以看出，前来陶利嘎查务工的人员中男性占绝大多数占比 80.08%，平均年龄为 39.83 岁，女性占比 19.92%，平均年龄为 36.58 岁，所有外来人员平均年龄为 38.21 岁，正是年富力强的中青年。据统计，有一部分是企业员工亲属，多为老人、妻子和孩子，占总数的 8.59%。

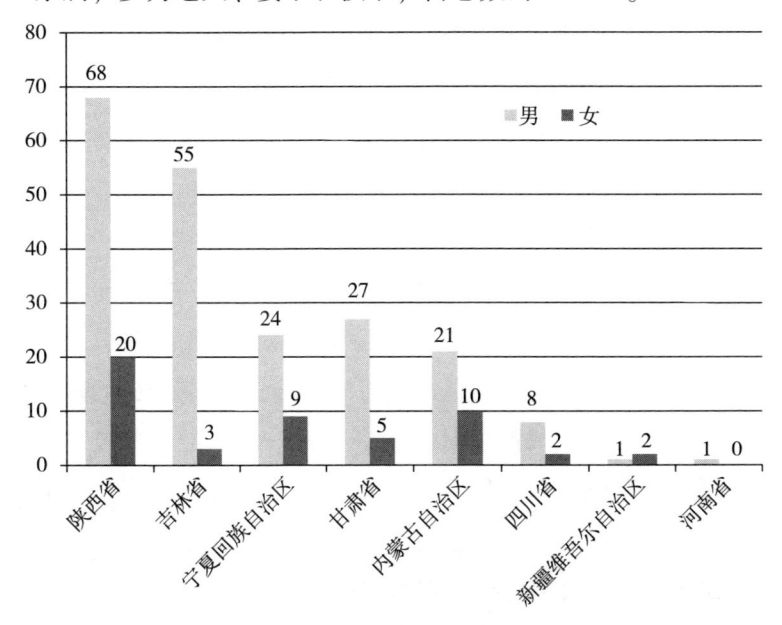

图 1-1　陶利嘎查 2020 年企业人口男女数量

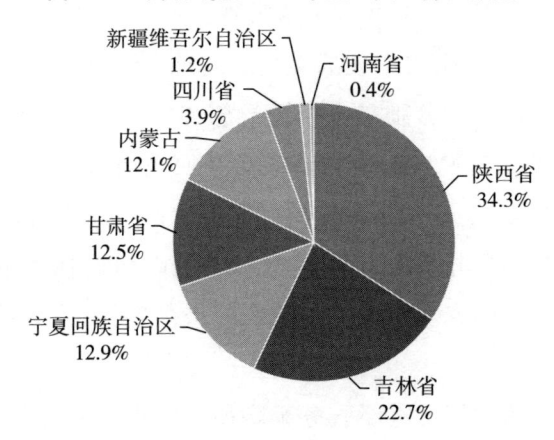

陕西省：男 68，女 20
吉林省：男 55，女 3
宁夏回族自治区：男 24，女 9
甘肃省：男 27，女 5
内蒙古自治区：男 21，女 10
四川省：男 8，女 2
新疆维吾尔自治区：男 1，女 2
河南省：男 1，女 0

图 1-2　陶利嘎查 2020 年人口来源统计图

- 陕西省 34.3%
- 吉林省 22.7%
- 宁夏回族自治区 12.9%
- 甘肃省 12.5%
- 内蒙古 12.1%
- 四川省 3.9%
- 新疆维吾尔自治区 1.2%
- 河南省 0.4%

第三，根据职工岗位可以分为以下几类：技术人员，如生产技术人员、调度员、视频监控员等岗位，主要是以年轻人为主，主要来自陕西省；生产操作人员，例如采气工、运输工，多来自四川省和吉林省；服务性岗位，如收费员、消防保障人员，平均分布在各省区。

2. 陶利街上的生意人

在陶利街上经营生意的大多数都是外地人，他们通常会租赁当地人的房屋以开展各类商业活动。以陶利嘎查委员会西边的这一条陶昂路为例，北侧共有约 20 家商铺。其中，两家汽修门市的老板均来自陕西榆林，凭借丰富的汽修经验和技术，服务于过往的车辆。相对较大的超市由一位蒙古族人经营，他来自鄂托克前旗昂素，另一家则是来自横山的汉族人所开的，充分满足了当地居民和过往旅客的购物需求。

在餐饮方面，陶昂路上共有 14 家饭店，其中两家由蒙古族人经营。一位老板来自呼和忙哈嘎查，另一位则来自乌审召镇，他们提供了具有地方特色的美食。此外，还有两家清真餐厅，老板都是回族人，分别来自宁夏吴忠和中卫市，确保了清真饮食的多样性。其他餐馆中，一家饸饹面馆由甘肃庆阳人经营，一家面馆由延安人开设，还有一家由山西运城人开的饺子馆。整体上，这些餐馆和超市的经营者多为陕西榆林各市县的人，他们凭借各自的家乡特色，为陶利嘎查的餐饮市场增添了丰富的选择。

这些餐馆和超市主要服务于陶昂线上行驶的过路卡车司机和油气田工人，为他们提供快捷的餐饮服务和日常所需。由于工作性质，前来陶利嘎查的人群多则停留几十年，短则两三个月，他们的到来不仅丰富了当地的经济活动，也为陶利嘎查带来了多元的文化交流和饮食习惯。

第三节　陶利现状

陶利是一个典型的农牧业并存的嘎查，具备得天独厚的地理位置、便利的交通条件以及丰富的土地资源，这些因素共同为地方经济的繁荣奠定了坚实的基础。其地理位置优越，周围环境优美，既有利于农作物的种植，又为牧草的生长提供了良好的条件，形成了一个适合农牧业综合发展的生态系统。

由于陶利的自然环境优质，当地的农牧业发展相对成熟，已经形成了一条较为完善的产业链。在农业方面，种植业和养殖业相辅相成，农民不仅可以种植各种粮食作物、蔬菜和水果，还能养殖牲畜，满足市场对多样化农产品的需求。这种多样化的生产模式，不仅提高了土地的使用效率，也增强了农民的收入来源。

此外，当地政府积极推动农业科技的引入和应用，鼓励农民采用现代化的耕作和养殖技术，以提升生产效率和产品质量。例如，通过推广优质种子、智能灌溉系统以及科学的饲养管理方法，进一步提升了农牧业的产量和效益。同时，陶利还注重生态农业的发展，倡导有机种植和绿色养殖，以保护自然环境和保持生态平衡。

在产业链的延伸方面，陶利不仅关注初级产品的生产，还积极发展农产品加工和销售环节，推动农牧业与旅游业、服务业的融合。这种综合发展模式，不仅为当地居民提供了更多的就业机会，还促进了地方经济的全面发展。

在陶利，居民主要以农牧业为生，种植业与养殖业相辅相成，紧密结合，形成了一种独特的经济模式。在农田里，农作物生长茂盛，玉米是当地主要粮食作物，为牧业发展提供充足的饲草。而在广阔的牧场上，牲畜成群，牛羊成群结队，生机勃勃，展现出一幅生动的田园风光。这种农牧结合的模式，不仅提高了土地的利用效率，还有效促进了当地经济的多元化发展。

此外，陶利的农牧业发展也带动了相关产业的兴起，诸如农产品加工、物流运输等行业逐渐发展壮大，为当地居民创造了更多的就业机会，提升了生活水平。整体上，陶利嘎查以其丰富的自然资源和独特的经济模式，展现出一幅和谐美好的农村生活图景。

此外，陶利嘎查的地下矿产资源也非常丰富，尤其是蕴含着大量的天然气。这一资源的开发与利用，不仅提升了嘎查的经济发展潜力，还吸引了许多天然气企业的进驻。这些企业带来了先进的技术和管理经验，同时也为当地创造了大量的就业机会。

随着天然气产业的发展，陶利嘎查吸引了大量的外来务工人员，他们的到来使得嘎查的劳动力资源更加丰富，进一步推动了经济的繁荣与发展。由此可以看出，陶利嘎查不仅是一个人口众多、经济发达的村庄，也是一个充满活力与机会的地方。

在这样的环境中，居民的生活水平不断提高，社区的发展潜力也日益显现，未来将朝着更高的目标迈进。

一、组织机构及空间分布

陶利嘎查委员会大致位于陶利嘎查的中间位置、陶昂路北侧，陶昂路穿街而过。单从门口悬挂的牌子上，可以看到这栋二层小楼里容纳了多家单位，有陶利嘎查三委（嘎查党支部委员会、嘎查村民委员会、嘎查事务监督委员会）、陶利社区综合治理中心、陶利嘎查便民图书馆、退役军人事务部、苏力德苏木派出所驻陶利社区警务室等单位组织在这里办公，二楼是嘎查会议室和工作人员宿舍。后院是厨房和工作人员休息的场所，厨师在院子里种了一些瓜果蔬菜，供嘎查餐厅使用。院子之后就是新建的羊毛库，每年为陶利嘎查的农牧民销售大量的羊毛。

陶利卫生院位于陶利嘎查的东边不足百米，整个卫生院的建筑呈四合院结构分布，最北边和东西两排房屋属于仓库和住宿等功能用房，最南边也就是卫生院的主要房屋，主要划分为药房（正对着卫生院大门的房间）、医生办公室和治疗室，进门右手边第一间为院长办公室，也是诊疗室，往后为中蒙医综合办公室等；左手边为一间相对较大的化验室。据《乌审旗志》记载："1956 年，群众集资 1558 元，由五名蒙医创办了陶利联合诊所，1959 年，联合诊所改建为陶利公社卫生院，1964 年，增置一些基本医疗器械，但依旧以蒙医蒙药医治为主，1970 年卫生院增设西医内儿科，1987 年，卫生院自筹资金建立商业门市部和饭店，1988 年卫生院在编人员 10 人，蒙医主治医师 3

人,当年卫生院房屋总面积411平方米,其中业务用房210平方米,1990年卫生院增加了大量的医疗器械,常规医疗用品基本齐全。"[1]

陶利卫生院规模相对较小,主要服务于当地居民的基本医疗需求。人们遇到诸如感冒、发烧等常见疾病时,通常会选择在这里进行治疗或取药。卫生院虽然设备和医疗条件有限,但医务人员热情负责,能够处理一些基础的健康问题,满足居民的日常医疗需求。

然而,如果遇到一些较为严重的疾病,居民们通常会选择前往乌审旗人民医院或乌审旗蒙医院,那里有更为专业的医疗设备和技术,能够提供更全面的诊疗服务。在这两家医院,患者可以接受更深入的检查和治疗,尤其是对于一些复杂的病例,能够得到更好的照顾。

此外,还有一些农牧民会选择前往临近的榆林市各大医院进行治疗,尤其是当需要更高级别的医疗服务时。榆林市的医疗资源相对丰富,拥有多家专业医院,可以满足更复杂的医疗需求。因此,陶利卫生院的服务虽然便捷,但在面对较为严重的健康问题时,居民们更倾向于寻求更高层次的医疗保障。

总的来说,陶利卫生院在满足基本医疗需求的同时,也为居民提供了一个方便的就医选择,而更大规模的医院则为患者提供了更为全面的医疗保障,形成了一个多层次的医疗服务体系。

---

[1] 参见乌审旗地方志编纂委员会编:《乌审旗志》,内蒙古人民出版社2001年版,第151页。

二、人口结构

2020年恰逢每十年一次的全国人口普查在陶利嘎查展开，因此笔者以第七次全国人口普查的数据作为分析基础。这次人口普查对嘎查内所有居民进行了全面的统计，包括暂时不在村里的人。普查过程中，数据被按照不同的年龄段和性别进行详细分类和统计，以确保信息的准确性和全面性。

通过对各年龄段和性别的分布情况进行分析，我们可以更好地了解陶利嘎查的人口结构和变化趋势。这些数据不仅为当地政府制定发展政策提供了重要依据，也为社会服务和资源分配提供了参考。此外，人口普查的数据还可以帮助研究人员深入分析嘎查的社会经济状况，评估未来发展潜力。总体来看，此次人口普查为陶利嘎查的发展提供了重要的信息支持，为规划未来的社会服务与经济发展奠定了基础。统计数据见表1-2：

表1-2 陶利嘎查人口年龄结构表

性别 年龄段	男（人）	女（人）	总计	在总人口中的比重（%）
80+	11	17	28	3.11
70-79岁	22	34	56	6.22
60-69岁	36	45	81	8.99
50-59岁	76	66	142	15.76
40-49岁	89	72	161	17.87
30-39岁	84	70	154	17.09
20-29岁	38	35	73	8.10

续表

性别 年龄段	男（人）	女（人）	总计	在总人口中的比重（%）
10－19 岁	42	39	81	8.99
－9 岁	60	65	125	13.87
总计	458	443	901	100

从表 1－2 中，我们可以看出：一是陶利嘎查男女占总人口的比例基本持平，其中男性占总人口的 50.83%，女性总人口的 49.17%；二是陶利嘎查 60 岁以上的人口占总人口的 18.32%，在人口学中认为，如果某一区域 0 至 14 岁人口在总人口中的比重低于 30%，同时 65 岁以上的人口超过 10%，就属于老年型人口结构，从表中可以看出陶利嘎查 0 岁至 20 岁的人口比重都远远低于 30%，同时 70 岁以上的人口比重接近 10%，由此可以看出陶利嘎查处于老年型人口结构；三是 10－19 岁、20－29 岁这两个年龄段的人口比重偏低，这是由于国家计划生育大背景下所产生的一种结果，而 9 岁以下的儿童数量有所升高，与国家放开二孩政策有着直接的联系。

据此次人口普查数据显示，陶利嘎查现登记在册共有 300 户，901 人，其中常住户 195 户，占总户数 65%，其中蒙古族 183 户，汉族 12 户，常住人口有 614 人，占总人口的 68.15%，其中蒙古族 578 人，汉族 36 人。详细统计数据见表 1－3：

表1-3 陶利嘎查常住人口统计表

社名\类别	常住户（户）		常住人口（人）	
	蒙古族户	汉族户	蒙古族人口	汉族人口
查干陶日木社（一社）	58	6	204	18
纳林柴达木社（二社）	70	4	223	11
安都尔社（三社）	31	2	82	7
查干道亥社（四社）	24	0	69	0
总计	183	12	578	36

陶利嘎查虽然有一部分人选择出门在外，追求更广阔的生活和工作机会，但大部分居民仍然坚定地选择留在村里。据统计，陶利嘎查的常住人口占总人口的68.15%。这一现象与蒙古族人天性自由、热爱自然的性格密切相关。自古以来，蒙古族人就与广袤的草原和肥沃的牧场建立了深厚的情感联系。他们不仅钟爱自己的草牧场和牛羊，更享受着大自然所赐予的丰富资源和宁静生活。

在陶利嘎查，居民们在这片土地上扎根，依靠传统的农牧业方式维持生计，过着与自然和谐共生的生活。对于许多蒙古族人而言，留在村里不仅是对故土的依恋，更是对祖辈传承的生活方式的坚守。他们习惯于在辽阔的草原上放牧，感受风吹草低见牛羊的诗意场景，享受与家人和邻里团聚的温馨时光。

同时，留在村里的居民也在努力改善自己的生活条件，积极参与当地的发展和建设。虽然外出谋求更好机会的人越来越多，但对于大多数人来说，陶利嘎查的自然风光和传统文化仍然是无法割舍的归属感所在。正是这种独特的生活方式和对自然的热爱，让陶利嘎查的人们在现代化进程中保持了自己的文化根基和生活节奏。

居住在广阔的草场上，不仅可以让他们体验到与自然亲密接触的乐趣，还能够更好地进行牧业活动，保持传统的生活方式。此外，广袤的草原为他们提供了充足的放牧空间，使他们能够养活更多的牲畜，增强经济收益。陶利嘎查的居民对草原的热爱和对传统生活方式的坚持，使得他们宁愿选择在这里安家落户，共同维护着这个富有文化和自然魅力的家园。这种对居住地的依恋，不仅反映了蒙古族人对土地的深厚情感，也体现了他们对自然环境的尊重和珍惜。在陶利嘎查，传统文化与现代生活相融合，形成了独特的生活方式和社区氛围。

在陶利嘎查，有一部分特殊的人群，他们的户口登记在嘎查里，同时拥有大片的草牧场和耕地，但平时却并不常住在这里。这些人通常在逢年过节时才会回来探亲或者管理自己的土地，我们可以将他们称为"两栖人"。这些"两栖人"总共有105户，人口达到287人，占嘎查总户数的35%。在这105户"两栖人"中，蒙古族占据主导地位，共有90户248人，他们的归属感与草原文化密切相关，尽管平时不在嘎查生活，但他们仍然与这片土地保持着深厚的情感联系。汉族则有15户39人，他们在陶利嘎查的生活方式和文化背景也为这个多元化的社区增添了独特的色彩。

"两栖人"们的生活方式体现了现代与传统的结合，他们在外地工作或学习，努力追求更广阔的发展空间，同时又不忘根植于故土。每逢节假日，他们都会回到嘎查，带着对家的思念，参与家庭聚会和传统庆祝活动，检查和管理自己的草牧场与耕地。他们不仅是土地的主人，也是文化的传承者，继续维系着与故乡的紧密联系。

这种"两栖"生活方式在一定程度上反映了现代社会的变迁与农村的适应能力，既能享受外部世界的机遇，又能坚守对传统和自然的热爱，让陶利嘎查在快速发展的同时，依然保留了其独特的文化韵味和乡村魅力。这些"两栖人"的存在，反映了陶利嘎查独特的社会结构和经济模式。他们在外地工作或生活，虽然与嘎查的联系相对较少，但依然保留着与家乡的紧密关联。每逢节假日，他们返回嘎查，不仅是为了探望亲友，更是为了处理草牧场和耕地的事务。这种现象在一定程度上促进了嘎查的经济发展，也为当地的文化传承注入了活力。非常住人口占陶利嘎查总人口的31.85%，进一步体现了这一人群对嘎查的重要性和影响力。详细统计数据见表1-4：

表1-4　陶利嘎查非常住人口统计表

类别 社名	非常住户（户）		非常住人口（人）	
	蒙古族户	汉族户	蒙古族人口	汉族人口
查干陶日木社（一社）	31	3	76	6
纳林柴达木社（二社）	32	5	67	16
安都尔社（三社）	10	6	42	12
查干道亥社（四社）	17	1	63	5
总计	90	15	248	39

如表1-4所示，嘎查里的非常住人口有很多，他们将自己的草牧场租给自己的邻居。他们离开嘎查各有各的原因，主要

就是以下两个方面的原因：

一是为解决子女上学问题。由于陶利嘎查目前只有幼儿园一所，所以孩子大多数都去了乌审旗上学，来回不方便。一部分人就去城里谋生计，以便解决孩子上学问题，还有一部分人属于夫妻两地分居，妻子住城里照顾孩子上学，丈夫在家负责种植和养殖。DLG 讲述自己的家庭情况。

我家里一共有两个孩子，分别在旗里上学，一个上初中，一个上小学。由于孩子们还小，无法独立生活，我的妻子在旗里租了一间房子，负责给孩子们做饭和照顾他们的日常起居。平时，家里只有我一个人，专心种地和养一些牛羊，辛勤劳作，确保家庭的基本生活需求。

虽然平常的日子有些孤单，但我知道这是为了孩子们的未来。每当周末和寒暑假，妻子和孩子们就会回到家里，家里顿时热闹起来。孩子们在家的时候，我会带他们到田里，教他们一些农活，让他们感受农村生活的乐趣和意义。看到他们在大自然中自由玩耍，我心里感到无比欣慰。

目前，由于孩子们还小，我们不得不专门在旗里租房，等到孩子们大一些，可以上寄宿学校的时候，我们的生活安排会更加灵活，那时就不需要再租房子了。这样一来，妻子可以更多地陪伴孩子，而我也能更专注于发展家庭的农牧业。尽管现在的生活方式有些不易，但我相信，为了孩子的教育投资是值得的，他们将来会有更好的发展，能够为我们的家庭带来更多的希望和快乐。（被访谈人：DLG，男，蒙古族，35 岁，访谈时间：2020 年 7 月 24 日）

二是由于儿女在外工作，家里老人无人照料，所以老人随儿女前往工作地定居。这些人虽然有各种原因离开陶利嘎查，但是他们并没有与陶利嘎查"断绝"关系，依然会不定时地回来看看自己的房屋、自己的土地和草场，草场土地依然属于他们，只不过暂时租赁给别人。HQLDEJ 讲述哥哥家的情况。

我们兄弟三个，现在就我和老三在村子里住着，我哥一家都去伊旗（伊金霍洛旗）了，我哥家两个孩子大学毕业后，都在伊旗上班了，所以就把父母接过去了，一方面是为了帮忙带孩子，也是方便照顾，毕竟我哥他们年纪都大了。我哥他家的草场有一部分给我了，还有一部分租给我们邻家了，逢年过节的时候，他们都回来呢。（HQLDEJ，男，汉族，61 岁，访谈时间：2020 年 8 月 2 日）

三、经济发展状况

在这里，民族学、人类学者会正确地从人们所占据土地的自然条件推论当地居民的职业。一个旅客，如果你开车沿着215省道或者陶昂线经过陶利嘎查时，将接连不断地看到成群的牛羊和成片的牧场，抑或时而看到一片玉米地。陶利嘎查共有土地 48 万亩，其中水浇地 11384 亩，草牧场和建筑面积近 46.9 万亩。据了解，陶利嘎查近 97.6% 的土地都用于放牧和建筑面积，2.4% 的土地用于种植玉米。一年四季都用来养殖牛羊牲畜，为了保护生态每年的四月一日至七月一日为禁牧期，这三个月作为草场生态恢复期，大约五个月的时间是在养殖的同时种植玉米。该村每年种植所产全部用于养殖，本地住户几乎不会卖玉米，所以当地农牧户每年的收入全靠养殖，销售牛羊肉、羊毛等畜牧产品。因而不论从哪个角度看，养殖牛羊是居于第一位的。

在陶利嘎查，当地居民的主要生计方式除了以养殖牛羊和种植玉米为主之外，还包括养一些鸡和猪，以及种植一些土豆、茄子和西红柿等多种蔬菜。这些副业不仅丰富了居民的餐桌，也为他们的生活提供了更多的经济来源和保障。鸡和猪的养殖相对简单，且回报周期短，使得家庭能够在经济上更加灵活应对市场变化。

此外，外出务工也是当地人的一种谋生手段。尽管与传统的种植和养殖相比，外出务工的人数相对较少，但这仍然是许多家庭增加收入的重要途径。部分年轻人选择到城市或其他地区寻找工作机会，以期获得更好的薪资和发展空间。他们虽然离开了故乡，但依然心系家乡，时常将赚到的钱寄回家中，帮助家人改善生活条件。

这种多元化的生计方式，使得陶利嘎查的居民在面对市场波动和生活挑战时，能够更具韧性和适应能力。他们在保持传统农业生活的同时，也逐渐融入现代经济，努力实现生活质量的提升。这样的生活方式，不仅反映了他们对土地的热爱，也体现了对未来的期望与追求。邢莉在对内蒙古游牧文化变迁研究中提到了半农半牧文化圈，"它既有别于汉族传统的农耕文化，又不同于蒙古族传统的游牧文化，生活在这里的人们自动将土地划分为开垦和不适宜开垦两种类型，他们在不能开垦的土地上放牧，在可开垦的土地上农耕，这种农牧兼营的生活方式,同样是在农业文化圈的挤压下形成的一种新的生计方式"[1]。陶利嘎查位于鄂尔多斯市乌审旗西部,是汉族农耕文化与蒙古族游牧文化碰撞的前沿地带,是典型的农牧兼营地区。

陶利嘎查调查表明:第一,在陶利嘎查,农牧民的生计方式经历了一个显著的演变过程,从最初的游牧生活,逐步转变为定居游牧,最终发展为半农半牧的模式。这一变化不仅反映了当地经济的发展,也体现了社会和文化的变迁。随着时间的推移,传统的游牧文化在物质文化符号上逐渐减少,许多昔日的重要元素正在被现代化的生活方式所取代。

例如,在饲养牲畜的种类上,马的数量正在逐步减少。过去,马在游牧生活中扮演着至关重要的角色,是运输和日常出行的主要工具。然而,随着大型机械和现代交通工具的引入,马的功能逐渐被替代,其经济效益也无法再满足农牧民的需求。如今,羊和牛已成为农牧民主要的饲养牲畜,这一转变不仅是经济因素的考虑,也是适应市场需求和气候变化的结果。

与此同时,饲养方式也经历了显著的变化。传统的散养模式逐渐被"散养+圈养"的综合管理方式所取代。这种新模式不仅提高了牲畜的存活率和生产效率,也有助于更好地管理草场资源,减少过度放牧对环境的影响。通过圈养,农牧民能够更有效地控制饲料的供应和牲畜的健康状况,从而提高经济效益。

总的来说,这一系列变化不仅是生计方式的调整,更是农

---

[1] 邢莉等:《内蒙古区域游牧文化的变迁》,中国社会科学出版社2013年版,第107页。

牧民文化认同和生活方式转型的体现。虽然传统的游牧文化正在逐渐淡化，但在新的生活模式中，农牧民们仍在努力保持与自然的和谐关系，积极适应现代社会的挑战与机遇。这种转变也为未来的可持续发展奠定了基础。关于养马，有这样一个案例：

> 因为生意的失败和婚姻的失败，导致家里有了25万的外债，每年银行利息都接近2.2万，一年家庭收入只有4万多块钱，一年的收入一半都是为银行打工。驻村工作队员做他的思想工作，让他把自己养的五匹马卖了，先还一部分债务，减少银行利息。但是ALTC说养马是自己的爱好，每年自己都要骑着马参加敖包大会，马是蒙古族人精神的寄托。工作队员认为现在养马的效益太低了，投资成本太大，爱好可以保留，留下一匹自己的喜欢，保留民族文化就好。一定要改变思维，抓紧时间把日子过好才行，有了好的经济基础，才能有精力和财力去满足自己的这些爱好，在巴书记苦口婆心的劝说下，ALTC说自己再考虑一下。在ALTC的观念里，养马已经不再考虑其"经济"价值，而是蕴含着社会文化情感，牧民朋友将马视为自己最忠诚的朋友与伴侣。（ALTC，男，44岁，蒙古族，访谈时间：2020年7月22日）

第二，因地制宜的"农牧民"。陶利嘎查是一个典型的半农半牧的嘎查，这里既有农业的耕作，又有牧业的饲养，形成了一个相辅相成的生态系统。在陶利嘎查，几乎每个家庭都同时从事农业和牧业，没有纯粹的牧业户或农业户，因此当地居民习惯称自己为"农牧民"。这种多元化的生计方式不仅反映了当地的自然条件和资源分布，也体现了农牧民们灵活应对环境变化的智慧。在陶利嘎查，农牧民们充分利用牛羊的粪便作为肥料，回归自然，提升土壤的肥力。他们还种植玉米和各种饲草，为牲畜提供丰富的饲料。这种"以农助牧、以牧增收"的生活模式，正是当地人根据本地自然资源和生态环境的实际情况探索出的最适合的生存方式。通过这种方式，农作物的种植与牲畜的饲养形成了良好的互动关系，既能提升土地产出，又能保证牲畜的健康成长。这种生活模式有效化解了历史上农牧之间的矛盾，促进了农牧结合的良性循环。过去，农牧矛盾往往因为资源的竞争而导致冲突，但在陶利嘎查，农牧民通过合理规划和科学管理，使得二者能够和谐共存，形成了互利共赢的局面。当地的生态环境得到了改善，生产效率也显著提高。

此外，这种生计模式还显著增强了农牧民的经济抗风险能力。在面对市场波动或自然灾害等不确定因素时，农牧民可以通过灵活调整农业和牧业的比例，及时应对外部挑战，从而保障家庭的基本收入。这种灵活性使得他们在不同的经济环境中，能够找到适合的生存和发展策略，增强了抵御风险的能力。陶利嘎查的农牧民不仅在经济上实现了稳定和可持续发展，还在文化和生态方面创造了独特的生活方式。他们在传统养殖和种植的基础上，结合现代管理理念，形成了一种和谐共生的生态农业模式。这种模式不仅保护了当地的自然环境，还促进了传统文化的传承与发扬。例如，农牧民在耕作过程中，注重采用生态友好的种植方法，尽量减少化肥和农药的使用，从而保持土壤的健康和生物多样性。这种对自然的尊重与保护，使得陶利嘎查的生态环境得到了有效维护，进而形成了良性循环。这样的生计模式为其他地区提供了有益的借鉴，尤其是在现代农业发展与生态保护之间的平衡方面。其他地区的农牧民可以学习陶利嘎查的经验，灵活调整自身的生产方式，以应对日益复杂的经济和环境挑战，从而实现可持续的生活和发展。

第三，就牲畜种类和产业发展而言，鄂尔多斯细毛羊的养殖在陶利嘎查农牧民的经济生活中起着重要的作用。农牧民不仅可以卖羊肉，每年卖羊毛对农牧民来说都是一笔不菲的收入。鄂尔多斯草原以它特有的水草，养育着优良的畜种——鄂尔多斯细毛羊。虽然是毛用型绵羊，其实它同时也是肉用羊。产肉量大，肉质鲜美。最可贵的是这种羊非常适应鄂尔多斯草原的气候、牧草条件。那群群高大壮实的鄂尔多斯细毛羊如洁白的珍珠洒在黄沙绿草中，不仅为鄂尔多斯草原增添了无限生机，更为当地农牧民带来了可观收入，农牧民靠着它走上了奔赴小康社会的康庄大道。近年来，由于鄂尔多斯细毛羊的产羔率低于肉羊的产羔率（鄂尔多斯细毛羊一年产一次羔子，而肉羊几乎是一年产两次羔子或者是两年产三次羔子），为了追求更高的经济效益，当地的农牧民开始慢慢地放弃了鄂尔多斯细毛羊的养殖，所以鄂尔多斯细毛羊这个地方特色畜种面临着绝种的困境，因此乌审旗政府号召农牧民养殖鄂尔多斯细毛羊，保护地方特色畜种。政府出资补贴鄂尔多斯细毛羊养殖户，一斤羊毛在市场价格基础上补贴2元，羊肉也是每斤高于市场价2元收购。

第二章　共生互通：空间的变迁

自中华人民共和国成立以来，随着经济文化类型的转变、人口的流动、社会需求的变化，生活在陶利的农牧民的生活空间、商业空间以及社会网络空间都发生了重大的变化。首先，农牧民居住空间变迁呈现出了以下特点：一、从居住状态上看呈现出从动到静、从游牧到定居的转变；二、从建筑风格上呈现出蒙古包与砖瓦房共同使用；三、从居住模式上看呈现出"围栏而居"的特征。其次，农牧民商业贸易形式经历流动贸易到定点贸易，商业贸易空间也经历了集市到街区的转变。最后，农牧民社会交往空间呈现出多样化趋势，网络空间成为当下农牧民相互交流以及对外联系的重要阵地。

第一节　居住空间

历史上，生活在陶利嘎查的蒙古族过着游牧的生活方式，依赖于广袤的草原和丰富的自然资源，随季节变化而迁徙。这种生活模式使得他们与自然环境紧密相连，形成了独特的文化和传统。然而，中华人民共和国成立后，国家实施了一系列政策，推动游牧向定居放牧的生活模式转变。这一转变带来了巨大的变化。定居后，蒙古族的生活空间从广阔的草原缩小到了特定的村庄和居住区，虽然这样有助于资源的集中利用和管理，但也改变了他们的生活习惯和文化传承。定居生活让人们可以更方便地接受教育、医疗和社会服务，改善了生活条件。然而，随之而来的也有对传统游牧文化的冲击，许多习俗和生活方式逐渐淡化。尽管如此，陶利嘎查的蒙古族在适应新生活的同时，仍然努力保持与自然的联系。他们在定居的基础上，结合现代化的农业和牧业技术，继续追求可持续发展。这种融合不仅体现了对传统文化的尊重，也为他们的新生活方式注入了活力。

一、由动到静：从游牧到定居的转变

蒙古包是游牧民族重要的文化符号，它不仅是游牧生活的居所，更是游牧人生存智慧的表征。蒙古包的设计十分适应游牧生态环境，能够方便地拆卸与搬迁，体现了游牧民族为了"游"和"走"的生活方式。这种动态的居住形式使得游牧民族能够灵活地随季节和气候变化而迁移，从而更好地利用草场资源，维持生计。蒙古包的构造简洁而功能性强，通常由木质框架和毛毡覆盖而成，其圆形结构能够有效抵御风雪，保持内部温暖。蒙古包不仅是一个居住空间，更是家庭生活和社会互动的中心，承载着丰富的文化内涵和历史记忆。

与之形成鲜明对比的是，定居的房屋则是农耕文化的象征符号。固定的房屋在土地上占有一个稳定的生活空间，体现了农耕文化对土地的依赖和对定居生活的追求。房屋的设计通常更为复杂和持久，建材多样，能够抵御自然灾害，提供长期稳定的居住条件。定居的房屋不仅是一个居住场所，更是家庭财产和社会地位的象征，反映了农耕文化中对稳定和积累的重视。

蒙古族在由游牧向定居生活转变的过程中，这两种居住形式及其背后的文化理念也在逐渐交融。虽然定居生活带来了更多的稳定和便利，但蒙古族依然保持着对蒙古包的深厚情感和文化认同。许多家庭在定居的同时，仍然保留着蒙古包，作为节日、庆典和特殊活动的场所，象征着对传统生活方式的尊重和怀念。

这一转变不仅仅是居住形式的变化，更是社会结构、经济模式和文化价值观的深刻变迁。定居生活促进了经济的发展和社会的进步，带来了更好的教育和医疗条件，但也对传统文化和生态环境提出了新的挑战。在这个过程中，陶利嘎查的蒙古族通过不断探索和适应，逐步实现了传统与现代的融合，为实现可持续发展和文化传承奠定了基础。这种动静之分不仅反映了农耕文化与游牧文化各自的特征，也揭示了两种生计方式的不同。在游牧文化中，人们强调追逐资源的灵活性，而在农耕文化中，土地的耕作和固定的居住方式则展示了对自然环境的改造和长期的依赖。

随着汉族移民不断前往游牧之地，建立了农耕文化圈，并向游牧民族传播农业文化知识，游牧民的生活方式逐渐发生了变化。这一过程使得游牧民族从动态的游牧生活逐步过渡到静态的农业生活，或者是半农半牧、农牧结合的静态生活。这样的转变不仅带来了经济上的改变，也在文化和社会结构上产生了深远的影响。农牧结合的生活方式，既保留了游牧文化的灵活性，又吸收了农耕文化的稳定性，形成了一种新的生存模式。

在居住方式上，游牧民族的传统蒙古包也逐渐被定居的砖瓦房所替代。这种变化不仅是居住条件的改善，也是文化认同和生活方式转型的体现。砖瓦房的建设使得人们能够更好地抵御外界环境的影响，提供了更为稳定和舒适的生活空间。同时，这一转变也意味着游牧民族在社会结构、家庭组成和经济活动上都发生了深刻的变化。

这一系列变化不仅是生活方式的调整，更是农牧文化交融的结果。游牧民族在新的生活环境中，努力保持与传统文化的联系，同时积极适应现代社会的挑战与机遇。这种文化的交融与转型，为未来的可持续发展提供了新的可能性，使得不同文化背景的人们能够在共同的土地上和谐共处。壮阔的蒙古高原，蓝天苍苍，原野茫茫，气候多变，蒙古人逐水草而迁徙的游牧生活更是扑朔迷离，但他们并不是随风飘零的落叶，不论他们"游"到哪里都有一个核心，那就是蒙古包，这是游牧人温暖的归宿。据记载：自古以来蒙古人和其他一些民族称这种房子为"格日"（Ger），而到了17世纪，因为满族人叫格日为"蒙古包"（"包"是满语，房屋之意），蒙古包这个名称被广泛接受。蒙古包整体上是由圆柱形屋身和钝锥形的屋顶组成，是木制构架和毡子覆盖的建筑。构成蒙古包的元素主要有：陶纳（天窗）、哈纳（用柳条做成的网状墙体）、奥尼（连在天窗和网状墙体之间，上撑陶纳，下接哈纳，形成伞状屋顶）、布日叶素

(蒙古包顶上的覆盖物)。蒙古包传统的搭建过程并不是简单的组合安装,而是有着一整套的习俗仪式伴随着整个的搭建过程。蒙古包是由众多的椽子、哈纳、蒙毡、围毡、绳扣、押绳等零部件组成,蒙古族人在搭建的过程中对某些环节相当重视,比如说更新顶盖、增加哈纳、更新天窗或者是门框时会用美酒和奶食品进行献祭和祝福。在献祭仪式开始后,首先会请祝颂人用古老的方式颂唱致词,先是对蒙古包的赞美,接着是对蒙古包主人的祝福,之后是回到蒙古包内对齐格达格(记载天窗上的绳索,相当于蒙古包的安全带)进行献祭并吟唱祝词。至此,蒙古包搭建的献祭仪式算是告一段落,接着就是宾客开始欢宴。

图 2-1　旧式移动蒙古包,笔者拍摄于 2020 年 7 月 21 日

随着社会生产技术的飞速发展和人们生计方式的不断变迁,游牧人由"游居"转变为"定居",对蒙古包的需求也发生了改变，因此蒙古包的建筑材料和工艺都发生了变化。传统的蒙古包所用的材料是木杆、毡和皮绳，较为简易，省工省料，自拆自搭，材料也都是就地取材，自己制作。但是新式的蒙古包发生了很大的变化，他们不是为了"游居"，更多的是为了"游乐"。现在除了在牧区草原深处可以看见零星的传统的蒙古包，我们看见的更多的是旅游景点和牧家乐的砖瓦结构蒙古包，这些蒙古包与砖瓦房一样，不再随意拆卸。这些新式蒙古包同样用砖、水泥打着厚厚的地基，都建有砖瓦房里的传统火炕或者铺设地暖，即便是在寒冷的冬日里依然感受到楼房里一样的温暖。另外，从构建方式上也与之前发生的很大的变化，传统的蒙古包只需要三五个人，甚至是一个人也可以很快就搭建完毕，但是现在砖瓦结构的蒙古包多是由专业蒙古包生产厂家制作，在工厂里生产出来，再拉到建设地上直接进行安装组合即可。而且搭建的过程中人们不再像以前那样举行繁杂的献祭仪式，内部的装饰更是五花八门。

  蒙古包是游牧民族文化的重要象征，其形式和功能随着时代变迁经历了深刻的演变。研究者邢莉在对蒙古族定居变迁的探讨中，将蒙古包的变迁过程归纳为三个主要阶段，这些阶段不仅反映了居住方式的变化，也体现了文化适应和社会结构的转型。

  第一个阶段是由移动的蒙古包转变为固定的蒙古包。在游牧生活中，蒙古包作为一种便于拆卸和重组的居住形式，适应了游牧民族的迁徙需求。传统的蒙古包主要由木架和羊毛毡组成，轻便且易于搬迁，适合在广袤的草原上游牧。然而，随着经济社会的发展和气候变化的影响，部分游牧民族开始选择定居，蒙古包也逐渐演变为固定的形式。这一阶段的蒙古包虽然仍保持其传统形态，但逐渐在安置地点上变得固定，成为一种半静态的居住方式。

第二个阶段是从固定的蒙古包到房屋的演变。在这一阶段，蒙古包的结构发生了显著变化，固定的蒙古包开始替换掉原来的毡子材料，逐渐使用泥土等更为坚固的建筑材料。这样的转变意味着居住环境的稳定性增强，人们不再需要频繁迁移，而是开始依赖于土地资源进行生产和生活。固定的蒙古包与游动的蒙古包的主要区别在于，前者提供了更为稳固的居住条件，能够抵御自然环境的挑战，同时也使得家庭和社区的结构更加稳固。

第三个阶段则是完全转向汉式的房屋建设。在这一阶段，传统的蒙古包被砖瓦结构的房屋所取代，标志着游牧民族生活方式的彻底转变。汉式房屋以其坚固、耐用和舒适的特性，成为新的居住选择。这一变化不仅是居住方式的更新，更是文化认同的重新定义。许多游牧民族在接受汉式建筑的同时，也逐渐融入了汉族的社会生活，形成了新的文化融合现象。

整体来看，蒙古包的变迁最显著的特点就是其由动态的、游动的形式转变为静态的、固定的居住方式。这一转变不仅反映了人们对生活环境的适应和对资源的利用，也揭示了社会结构、经济活动和文化认同的变化。在这个过程中，游牧民族在保留传统文化的基础上，逐步适应了定居生活的要求，为未来的可持续发展奠定了基础。随着时间的推移，这种变化促进了不同文化之间的交流与融合，使得人们在新的生活方式中寻找到了新的认同和归属感。

二、方圆并存：建筑风格的变迁

蒙古包是圆形的，此来源于蒙古族生产、生活的需要。圆形可以抵挡草原上的朔风，可以利用所占有的有限范围。圆形的蒙古包反映了蒙古族人对草原生态的保护，"天似穹庐，笼罩四野"，穹庐似天，紧依大地，反映了蒙古族人天人合一的哲学观念。在壮阔的草原上，完美自足的线型与苍穹的四野相映成趣。而汉族民居多呈方形的砖瓦结构建筑，方形是有棱角的，给人以稳重、均衡、固定、完美的感觉，体现了界限分明的格局观念。正如诸多学者所研究的那样，代表游牧文化的蒙古包和代表农耕文化的砖瓦房有很大不同，如外观不同、所用的材料和工艺不同、居住模式不同，更重要的是所反映的文化观念不同。曾经农牧民受汉文化的影响，在定居后都住进了砖瓦结构房屋，蒙古包只是在牧场上作为临时住宅而存在，像T嘎查这样受汉族农耕文化比较重的地方几乎看不到蒙古包的存在。近年来，由于蒙古族文化意识的重视，农牧民的生活条件不断提高促进了民族旅游业的快速发展，因此在村落里兴起了兴建蒙古包的风潮，这两种完全不同的事物，随着社会的发展变迁可以毫无违和感地出现在同一个院落里。

第一次见到蒙古包和砖瓦房同时出现在同一院落是在T嘎查农牧民JRMT家，JRMT家在旗委旗政府驻村工作队的帮助下，做起了牧家乐生意。在旗消防救援大队的帮助下新建了砖瓦结构的蒙古包,作为牧家乐的招牌特色。通过两个栅栏门之后,终于抵达 JRMT 家,一下车首先进入眼帘的是紧挨大门右侧的祭台和祭台上高高树立的玛尼洪杆以及其所供奉的苏力德。进入大门,正对着大门是用来居住的砖瓦结构房屋,房顶上搭着彩钢,这是内蒙古自治区在迎接成立 70 周年大庆时实施的十个全覆盖中的一项惠民政策,免费为区内农牧民翻修了房屋;大门右侧同样是一排砖瓦结构的房屋,紧挨着这排房屋的就是砖瓦结构的蒙古包。蒙古包的地基是用砖和水泥一起浇筑起来的足足有 20 厘米,蒙古包的墙体是木材制成,围毡都是用现代的防水防潮材料。进入蒙古包,最显著的唯数绑在墙体上的蓝色哈达,正对着蒙古包门口的是一组地暖分水器,这也是新式蒙古包的一大特色,安装地暖,在冬季时可以和楼房一样温暖如春。接着就是地上摆了两盆绿植,是为了祛除蒙古包内的木材和油漆散发的异味。

在陶利嘎查,蒙古包与砖瓦房常常并存于同一院落,形成了独特的居住和文化景观。这种现象不仅反映了居住形态的多样性,也体现了功能的转变和文化的交融。随着社会的发展,传统的蒙古包已经不再承担起居和生活的主要功能,而是逐渐转化为其他用途,展现出新的价值。

如今,蒙古包在陶利嘎查的主要功能之一是作为"牧家乐",这种经营模式为当地农牧民带来了可观的收入来源。牧家乐利用蒙古包的传统特色,吸引游客体验蒙古族的风俗和文化。通过独特的住宿体验,游客能够深入了解蒙古族的生活方式、习俗和历史,从而感受到浓厚的文化氛围。

在这种情况下，蒙古包不仅是居住的场所，更是文化展示和经济活动的载体，发挥着重要的生产资料功能。游客在蒙古包中享受当地的美食，如手抓羊肉和奶制品，欣赏民俗表演和自然风光，同时也为农牧民的生活带来了更多的机会。这种互动不仅促进了农牧民的收入增长，也推动了地方经济的发展。

此外，牧家乐还通过组织各种活动，如骑马、射箭和草原徒步游，让游客更好地体验蒙古文化的魅力。这些活动不仅增强了游客的参与感，也为农牧民提供了更广阔的经济来源。通过这种方式，蒙古包不仅保留了其传统文化的象征意义，也逐渐融入现代经济体系，成为连接传统与现代、文化与商业的重要桥梁。

这种转变不仅提升了当地农牧民的生活水平，也促进了生态旅游的可持续发展，使得陶利嘎查在保留传统文化的同时，也迎来了新的发展机遇。同时，像 SQBTE 这样的民族文物爱好者也在积极利用蒙古包的空间。他亲自修建了一座砖瓦结构的蒙古包，专门用于储存和展示蒙古族的文物。这座特别的蒙古包不仅是对传统文化的保护和传承，也是对民族认同的强化。在这个空间中，SQBTE 通过展示丰富的蒙古族历史文物，如传统服饰、手工艺品和历史文献，向游客和当地居民提供了一个深入了解蒙古族文化的机会。这里不仅是一个展示的平台，更是一个教育的场所，游客可以参与文化讲座和工作坊，了解蒙古族的传统技艺和生活方式。

这种文化交流不仅增进了游客对蒙古族历史的了解，也使当地居民对自己的民族遗产有了更深刻的认识和自豪感。通过这种互动，蒙古包不仅作为旅游的吸引点，还成为传承和弘扬民族文化的重要载体，增强了社会的凝聚力。

SQBTE 的努力，进一步体现了现代与传统的结合，为陶利嘎查带来了新的活力。他的蒙古包项目，不仅为当地提供了文化体验的场所，也吸引了更多的游客和研究者，推动了文化保护与旅游发展的良性循环。这种模式不仅提升了地方经济，也为蒙古族文化的传承与发展创造了新的机遇。砖瓦房与蒙古包的共同存在，满足了农牧民生活的不同需求。砖瓦房提供了更为稳定、舒适的居住环境，适应了现代生活的便利性。而蒙古包则保留了传统文化的精髓，成为一种灵活多变的生活和工作空间。这种居住形态的多样性，体现了农牧民在适应现代社会的同时，又不忘传统文化的根。

此外，蒙古包和砖瓦房的共存现象也反映了蒙汉民族在陶利嘎查的互帮互助关系。随着社会的逐步融合，蒙汉两族在生活和文化上相互影响、相互支持，共同推动了村落的建设和发展。通过合作与交流，双方能够在各自的文化基础上找到共同的发展路径，为整个社区的繁荣贡献力量。

陶利嘎查中蒙古包与砖瓦房的并存，不仅是居住方式的体现，更是文化交融与经济发展的生动缩影。这种现象为农牧民创造了丰富的生活方式，同时也为民族文化的传承与发扬提供了广阔的空间。

三、围栏而居：居住模式的变迁

围栏而居的居住格局是指农牧民在草原、农田等自然资源相对有限的环境中,为了保护自己的土地和财产,通过建造围栏等方式,将居住区与外界隔离开来。这种居住格局通常是为了适应草原、农田等环境的特点,同时也为了保护自己的土地和财产不受外界侵扰。

在新中国成立之初到改革开放家庭联产承包责任制,这一时期是中国乡村关联程度最高的时期,也是村民参与公共事务最积极的时期,因为在这一时期,我们党和政府为了度过缺乏生产工具的困难时期,在乡村进行农民公社化运动。在这一时期,村民们一起劳动、一起吃饭,共同管理村庄事务。但是随着社会大环境的变化和乡村内部发展的需要,国家在农村实行家庭联产承包责任制,各家包产到户、包干到户、自负盈亏。至此,村民为了生活得更好,将目光聚焦在自己的一亩三分地上,村民以往的团结状态分解为离散的状态,陶利嘎查这种状态尤为显著。

陶利嘎查地处我国内蒙古自治区西部,地广人稀是这里的代名词,20世纪80年代以后,各家各户都按人口数量分到草牧场、耕地、牲畜、农具等生产资料和生产工具,轰轰烈烈地开展了自己的生产生活运动。各家为了方便管理自家的草牧场和牲畜,都会选择在自家的草牧场和耕地中央或附近建造房屋,由此造成了陶利嘎查农牧民居住较为分散的状态,全村共301户分散居住在40多万亩的土地上,分四个自然村聚居。但是,即使大致为四个聚居地,并不像南方和中原大多数地方各家各户靠近居住,甚至是两家共用一堵墙的情形,在陶利嘎查每家每户距离都十分的远,农牧民之间相距较近的为几公里,较远的则有数十公里。所以陶利嘎查则属于典型的"分散型村庄",村庄的"原子化"程度高。据陶利嘎查农牧民介绍,陶利嘎查第一次分草场到户是在1983年,之后随着农牧民每家每户都开始扩大了养殖规模,草场资源越来越紧张,所以人们都开始用铁丝网将自家的草牧场围起来了,且大多数都将住宅房屋建在了草牧场中间,所以一道道铁丝网将一家一家分割在了辽阔的草原和壮阔的大漠中。H先生讲述与周围农牧民的关系。

以前,我们的草场之间并没有清晰的界限,出门就是一片大草原,大家的草场都相互交错在一起。那时候,走路、骑马都非常方便。我们可以轻松地从一个草场走到另一个草场,去邻居家串门或是帮助朋友,几乎不用考虑路线问题。只要骑上马,随意溜达就能到达目的地。那时候的交流和拜访都显得如此自然和随意。

但随着时间的推移,我们的草场开始被围栏分隔开了。起初,这种改变是为了保护草场,防止牲畜进入别人的地块,也为了更好地管理我们的土地。围栏建起来以后,我们的草场变得整齐了,界限分明了,每个人的地界都被标定得一清二楚。但是,这种变化也带来了不少麻烦。

以前随意的走动变成了现在的繁琐过程。现在,我们要去别人的家,得先开车前往,有时甚至需要绕很长的路,穿越几道门。围栏的存在把我们曾经亲密无间的生活隔断了。每次出门,特别是去拜访朋友或亲戚,感觉都变得像一场小小的旅行,费时费力。

结果,我们的来往活动也因此减少了。以往那种随意串门、互帮互助的日子少了，现在大家聚会的机会变少了，很多时候大家都因为麻烦而选择了留在家里。围栏不仅改变了我们的草场，也改变了我们的生活方式，让人与人之间的联系变得不再那么自然和频繁。（被访谈者：HQLDEJ，汉族，男，70岁。访谈时间：2020年7月21日）

在围栏而居的居住格局中，农牧民通常会使用木材、铁丝网等材料建造围栏，将房屋、牛棚、羊圈等居住设施围起来，形成一个相对封闭的居住区域。这种居住格局有利于保护农牧民的财产安全，同时也能够减少外界环境对居住区的干扰和影响。

围栏不仅能有效防止野生动物的侵袭，保护牲畜和农作物，还能阻挡外界的不必要干扰，确保居住环境的安宁。这种结构也使得家庭成员和牲畜能够更安全地活动，为日常生活提供了便利。农牧民可以在围栏内放心进行日常生产和生活，提升了他们的生活质量。

此外，围栏的设置还体现了农牧民对土地和资源的管理意识。通过合理规划围栏的布局，农牧民可以优化空间利用，提高生产效率。同时，围栏的存在也为社交和文化活动提供了空间，形成了一个紧密联系的社区，使得邻里之间能够相互照应，增强了社会凝聚力。

当然，围栏而居的居住格局也存在一些问题和挑战。例如，围栏可能会占用大量的土地资源，对生态环境造成一定的影响；围栏的修建和维护也需要一定的资金和人力投入；此外，随着城市化和现代化进程的加速，这种传统的居住方式也可能面临着适应性和可持续性的问题。

总之，围栏而居的居住格局是农牧民为了适应环境特点而采取的一种居住方式，它既有优点也有挑战。我们应该在尊重农牧民传统生活方式的基础上，帮助他们更好地适应现代社会的发展，推动农牧区的发展和进步。

第二节　商业空间的变迁

由于陶利嘎查地域辽阔、居民居住分散的特殊性，因此当地不同居民之间的互动与交往行为主要发生在公共空间之内。例如，传统的集市和街面上的商店，陶利街就是陶利嘎查居民互相交流沟通的重要公共空间之一。在这条街上，长期存在的店铺提供了日常所需的商品和服务，成为人们购物和社交的场所。

此外，在街上定期举行的集市活动吸引了众多居民和商贩，成为一个热闹的交易平台。在集市上，人们可以购买新鲜的农产品、手工艺品以及其他日常用品，同时也提供了一个展示和交流的机会。商贩们通过设摊，展示自己的商品，促进了商业贸易的活跃，带动了地方经济的发展。这种互动不仅增强了社区的凝聚力，也促进了信息的流通和文化的交流。在集市和商店里，居民们分享生活经验和消费信息，形成了一个充满活力的商业氛围。同时，这样的公共空间也为新兴商家提供了展示和发展的机会，推动了当地经济的多元化和繁荣。

一、陶利集市：传统商业贸易的公共空间

集市亦称市集。进行产品交易的固定场所。有定期或不定期之分。《易·系辞下》："日中为市"。市即最早举行的产品交换市场。各地称呼不一。两广、福建等地称墟；川、陕等地称场；江西等地称圩；北方称集。集市举行之日称为集日、墟日、场上或亥日。集市初或自发形成，后多由地方官府指定地点，设于人口聚集、经济发展、交通便利之处。由政府确定集期并派专人管理、征税。集市上交易的产品多为农副产品和手工业品，主要是日常生活用品。参加集市贸易的多为农民和手工业者，也有小商小贩[1]。笔者所关注的陶利集市则属于定期集市，每月的农历初九、十九、二十九便是集市举行的日子。美国学者施坚雅在其著作《中国农村的市场和社会结构》中，对中国农村市场进行了深入研究，并且将中国农村市场分为了不同的层次体系，施坚雅还用"基层市场"来指代农村市场，他认为基层市场发挥的功能则是：为农民提供出售自家自产不自用的物品和购买自家需要不自产物品的交易场所。同时，他还指出："除了提供交易场所之外，基层市场也是农产品和手工业品向上流动进入市场体系中较高范围的起点，也是供农民消费的输入品向下流动的重点"[2]。施坚雅著作中所提及的基层市场在中国北方成为"集市"，且在北方各地均有分布。而民族地区的集

---

〔1〕 郑天挺、吴泽、杨志玖主编：《中国历史大辞典》（下卷），上海辞书出版社2000年版，第2917页。

〔2〕 参见〔美〕施坚雅：《中国农村的市场和社会结构》，史建云、徐秀丽译，中国社会科学出版社1998年版，第6页。

市除了发挥它作为集市而发挥的经济贸易功能,还承担了促进不同民族间经济交流及民族文化互动的"重任"。正如多数学者研究所展示,在民族地区的集市上,你可以看到各种少数民族特色浓郁的产品出售,不同的民族,不仅汉族和少数民族之间,各少数民族之间也经常通过集市的贸易,展开各种族际交流活动,集市不仅是城市和农村居民之间经济联系的重要纽带,同时也是不同民族之间各种密切的经济联系的综合反映[1]。陶利集市地处蒙汉民族交界地带,是蒙汉民族交换物品、交流文化的公共场所。

(一) 陶利集市的形成与发展历程

随着社会经济的不断发展和电商平台的强势登场等各种因素的影响下,陶利集市也经历了由弱小到繁荣到衰落的历程。

第一阶段,陶利集市的形成。据《乌审旗志》记载,蒙汉民族互市在很早以前就开始了,明隆庆五年(1571年),蒙古族首领俺答汗与明朝息战议和,共商在蒙边界开设互市,在今陕西榆林城北设立互市地点,互通有无;清康熙三十五年(1696年)互市废除,开辟了一些贸易点,蒙汉民族交往放开,大批陕北地区商人进入乌审旗地区进行商贸活动;乾隆五十四年(1789年),《理藩院则例》《边禁条例》颁布之后,政府对商贸进行了严格限制,蒙汉商贸进入低谷期,民国时期到新中国成立前夕,时局动荡,商贸往来起色不大。到新中国成立后,党和政府逐渐恢复了庙会和物资交流会,集市贸易逐步出现了

---

[1] 参见万红:《中国西南民族地区市场的起源与历史形成》,中国社会科学院研究生院 2002 年博士学位论文。

兴旺繁荣景象。[1] 顺应大环境的发展，陶利集市由此而形成。

第二阶段，陶利集市的繁荣。新中国成立后，集市贸易受政策的影响经历了几番的起落波折，1953年开始，国有经济与集体经济占据主要地位，集市贸易成交额逐渐降低，直至1958年集市贸易被取缔，1959年又恢复，1960年至1965年集市贸易成交额不断增加，但是1965年到1978年党的十一届三中全会召开，受政策的影响集市贸易进入低谷期，在"文革"期间一度被关闭。[2] 1978年党的十一届三中全会后，除了对国营商业进行了经济体制改革外，还鼓励发展集体和个体商业的发展，农牧民也可以将自己所产的剩余劳动产品拿到集市上去出售，从而换取自己生活所需的生活生产用品。于是当地的集市贸易得到了迅速的发展。随着市场经济的不断发展，集市贸易成为城乡之间、地区之间商品流通的重要渠道。陶利集市也乘着改革开放之风迅速发展起来，为陶利嘎查的农牧民提供交流互通的场所，也促进了陶利嘎查农牧民的经济发展水平，使人民生活水平得到了大幅度的提升。也为蒙汉民族间的交往交流交融作出了重大贡献。

第三阶段，陶利集市的衰落及其原因。乡村集市的兴盛衰落受到各方面的影响与制约，陶利集市也无法避免。而影响陶利集市从繁荣走向衰落的最重要的因素莫过于两点：一是政治因素的影响。2005年是陶利集市走向衰落的转折点、关键点，

---

〔1〕参见乌审旗地方志编纂委员会编：《乌审旗志》，内蒙古人民出版社2001年版，第393－394页。

〔2〕参见乌审旗地方志编纂委员会编：《乌审旗志》，内蒙古人民出版社2001年版，第393－394页。

因为在 2005 年，乌审旗政府决定将陶利镇与沙尔利格镇合并成立苏力德苏木，并且撤销陶利镇政府，将苏力德苏木政府设在了沙尔利格（原沙尔利格镇的行政中心所在地）。至此，随着行政中心的转移，陶利集市上的商贩和赶集的农牧民少了很多，让原本热闹非凡的陶利集市冷清了不少。二是互联网技术的普及以及电商平台的推广，导致很多年轻人都选择了网上购物，这也致使陶利集市的互市活动少了很多参与者。

每月农历逢九日，即每月农历的初九、十九、二十九，都是陶利街上热闹的集市日。然而，在 2020 年 7 月 29 日的农历六月初九那天，笔者上午 11 点来到陶利集市，却发现这里并没有如往常般人头攒动的景象。流动商贩的数量也寥寥无几，仔细一数，只有七家商贩在此经营。其中，有一家卖水果的，另一家专门出售灶具，还有四家贩卖衣服的，以及一家售卖床单和被套的商铺。如此庞大的集市，竟然仅有这七家商贩在营生，来赶集的农牧民也显得寥寥无几。这种冷清的景象与当日下午的炎热天气不无关系，然而，经过与流动商贩和集市开店老板的访谈后，我了解到近几年来，集市上的人流量正逐年减少，令人担忧。

商贩们纷纷提到，过去的集市是热闹非凡，熙熙攘攘的场面让人倍感生机，而如今，他们不得不面对越来越少的顾客和日渐冷清的市场。卖水果的商贩表示，以前每到集市日，顾客络绎不绝，但现在即使是在集市的高峰时段，也难以见到几位顾客。在与卖衣服的几位商贩交谈时，他们也无不感慨，生意越来越难做，尤其是在竞争激烈的网上购物和大型超市的冲击下,集市的吸引力明显下降。

这种现象不仅仅是个别商贩的感受,而是整个集市面临的共同困境。随着时代的变迁,市民的购物习惯也在悄然改变,许多人更倾向于选择便利的购物方式,而不再像过去那样专程前来集市选购商品。在这样的背景下,陶利集市的未来令人感到忧虑。尽管集市曾是人们生活中不可或缺的一部分,但如今的冷清现状是否意味着这一传统形式将逐渐被时代所淘汰,值得我们深思。

(二) 陶利集市上的贸易交流

有学者指出在乡村的社会结构中,集市是典型的公共空间,它反映了社会内部业已存在的某种公共性,以及特定空间固定下来的社会关联形式和人际交往结构方式。[1] 在集市中,各族群众在此相聚,他们之间的经济交流活动模糊了不同民族的边界,语言沟通、商品类型、质量以及交易方式才是赶集人关注的重点,民族成分和民族意识已经不再占据主要位置,赶集者的民族身份不再是人们过多关注的焦点。笔者在陶利集市进行田野调查时发现,集市作为公共空间,其公共性体现在以下几个方面:

第一,语言的互通。语言是沟通的桥梁和工具,而集市上通用语言的出现,则意味着不同地区之间的交流与学习找到了良好的媒介。在陶利集市上,通用的语言主要是汉语和当地的方言,这使得生活在周边地区的农民和经常流动的小商贩能够

---

〔1〕 参见郑瑞涛:《社会转型期农村的非正式公共空间:集市》,载《长春市委党校学报》2009 年第 2 期。

顺畅地进行交流。许多商贩和顾客都能熟练掌握这两种语言，甚至有些汉族商贩可能无法流利地使用方言，但他们对基本的数字和手势语言非常精通，从而实现了有效的沟通。

这种语言的互通不仅仅是交流的工具，更是促进了不同地域文化的融合与理解。在交易过程中，商贩们通过语言交流，不仅能有效地介绍自己的商品，还能传递生活经验、文化习俗和当地的风土人情。这种互动让集市不仅成为交易的场所，更是一个文化交流的平台。通过语言的交流，顾客和商贩之间建立了信任，促进了彼此的了解和合作。此外，随着时间的推移，集市上的人们在语言交流中逐渐形成了一种独特的集市用语，这种语言的融合不仅提升了交流的效率，也使得集市的氛围更加亲切和活跃。无论是讨价还价时的幽默对话，还是分享日常生活中的趣事，语言的互通在无形中拉近了人们之间的距离。

因此，语言的互通在陶利集市上不仅是沟通的工具，更是不同地域文化交汇的象征，它体现了人们在共同生活中相互包容、学习与成长的过程。这种语言的融合为集市注入了更多的人情味，使得每一次交易不仅仅是商品的交换，更是文化和情感的交流。

第二，集市上的互市活动增进了不同地区之间的相互了解，促进了游牧文化与农耕文化的交流。随着集市上区域间的互动越来越频繁，各地人民对其他区域的文化和生活方式有了更深入的了解，能够较清楚地认识自我与他者的异同之处，并发现双方在文化方面的共通点以及可以学习借鉴的地方，从而能够更有效地进行交往和交流。

随着市场经济的快速发展，商品现代化进程不断加快，各类手工业品、服装等纷纷涌现于陶利集市。这些新出现的商品引起了周边地区居民的极大兴趣，他们对这些新事物表现出了强烈的接受能力和学习欲望。在这一过程中，周边地区的居民不仅乐于接受其他区域的文化和商品，同时也积极分享和传播自己的地方特色和传统文化，形成了良好的交流氛围。集市上的互市活动因此成为了不同地区人民相互接触和了解的重要途径。在这里，商贩和顾客之间的交流不仅限于买卖商品，更多的是文化的碰撞与融合。通过这样的互动，人们得以分享各自的生活经验、习俗以及价值观，增进了彼此的理解和尊重。

这种文化交流不仅丰富了集市的多样性，也使得各地区的居民在相互学习中成长。在陶利集市上，消费者对新生事物的接受度和欣赏能力不断提升，各种文化的交汇让集市成为一个生动的文化展示平台。通过这样的互市活动，集市不仅促进了经济发展，也为不同文化之间的相互理解和共融提供了空间和机会。

第三，集市是人们交友、会亲、互通有无的重要公共场所。尽管随着通信技术的不断发展，人们之间的交流越来越多地转向线上，生活逐渐渗透到虚拟网络中，但集市依然是人际交往的重要场域，发挥着不可替代的社会功能。

在陶利集市上，笔者观察到，每隔十天的集市总会聚集许多人，三三两两的朋友相约走进附近的饭店。久别重逢的好友们在这里觥筹交错，彼此推杯换盏，把酒言欢，场面热闹而温馨。此外，许多人选择在村委会办公楼后的树荫下席地而坐，时而小声交谈，时而放声大笑，形成了一幅生动的社交画面。交谈的内容多围绕着牲畜饲养经验和畜牧产品的价格，这不仅反映了当地以畜牧业为主的生计方式，也体现了人们在分享生活经验中的相互支持与帮助。集市提供了一个开放的公共空间，使来自不同家庭和背景的人们能够聚集在一起，交流信息，分享经验。这种面对面的交流不仅有助于增进朋友间的感情，也使得人们在互相分享的过程中建立了更强的社会联系。通过这样的社交活动，集市成为人们建立和维持社交网络的重要平台。

在集市上，人们的互动不仅限于简单的交易，更是在信息交流、资源共享和情感纽带的构建上形成了相互依赖的关系。无论是对当地市场动态的讨论，还是对生活琐事的分享，这些交流活动都在潜移默化中增进了彼此的理解与信任，巩固了社区的凝聚力。因此，集市的公共性在于它不仅是一个商业交易的场所，更是一个社交的舞台。在这一平台上，人们得以重拾人与人之间的温暖与信任，形成了一个充满活力的社交生态，展现了人们对美好人际关系的向往与追求。

在集市上观察时发现，大多数摊贩平时就在乌审旗、前旗附近的乡镇流动。据水果摊贩的老板介绍，前来他摊位购买水果的顾客中，既有蒙古族的，也有汉族的，这种多样化的顾客群体使得他的生意相对兴旺。值得注意的是，在这个集市上，只有他一家经营水果，因而吸引了不少顾客前来选购。老板提到，如果集市上有两家卖水果的摊贩，顾客的选择会有所不同。一方面，有些顾客会倾向于支持自己熟悉的摊贩，即使是在相同的产品和价格条件下；另一方面，其他顾客则更关注商品的性价比,通常会选择价格更合理、品质更好的水果。这种现象反映了顾客在选择时所关注的不同因素,有些人更注重个人的购物习惯和熟悉度,而另一些人则追求实惠和商品的优质。

这种情况也凸显了集市作为一个开放交易场所的特点,顾客的选择不仅受到个人偏好的影响,还受到市场供应和竞争的制约。在这样的环境中,摊贩们为了吸引顾客,往往需要不断提升自己的商品质量和服务水平,以满足不同顾客的需求。这种竞争不仅推动了集市的繁荣,也促使摊贩不断创新,提升自己的经营策略。

总的来说,集市不仅是商品交易的场所,更是一个多元化的社交和经济交流平台。在这里,顾客的选择和摊贩的经营策略共同构成了集市生动而复杂的生态,反映出人们在购物过程中的多样化需求和偏好。

二、陶利街:现代商业互动的场域

陶利街分为老街和新街两个区域,老街是最初的陶利街道旧址,而新街则沿着陶昂公路而建。陶利新街的兴起有其必然的原因,首先,随着陶昂路的开通,陶利嘎查逐渐成为乌审旗通往鄂托克前旗以及宁夏银川的必经之路。这条交通干线不仅便利了当地居民的出行,也为区域经济的发展提供了重要支撑。乌审旗及陕西榆林的部分煤矿是宁夏宁东能源基地的重要原料产地,为了满足宁东能源基地对煤炭及其附属产品的巨大需求,重型卡车成为主要的运输工具。陶利因其地理位置的优势,成为这条运输线路上的关键节点,因此,过路的卡车司机也成为街区内消费的重要群体，这直接推动了汽修门市、饭店等服务行业数量的不断增加。

其次，随着陶利嘎查地下天然气的开发，吸引了大量气田工人和外来务工人口涌入陶利嘎查。这一人流的增加，不仅为当地的经济注入了新的活力，也使得对服务性产业的需求大幅上升。饭店、百货超市等服务型产业纷纷涌现，以满足新到居民的生活需求。这些新兴的商业活动，不仅丰富了陶利街的业态，还提升了当地的消费水平和服务质量。

陶利街的繁荣用两个现象便足以证明：一是街道上的商铺数量显著增加，涵盖了餐饮、购物、汽修等多种行业，形成了一个多元化的商业生态；二是街道的客流量明显上升，尤其是在周末和节假日，来往的车辆和行人络绎不绝，热闹的场景充分体现了街道的商业活力。陶利物价高最显著的就数房租了，在陶利共有两家宾馆，一家在公路边，主要为过路的卡车司机提供住宿，另一家在老街上，为油气田以及外来无工人员提供住宿。在老街的宾馆是一个比较大的院子，前院是对外短租的，设施相对齐全，一个双人间收费是在 100 元每晚。后院是单间，屋内只有一张简易床，每月 800 元的房租。究其原因，还是因为外来人口太多，导致房屋紧张。在陶利有着世界级的整装天然气田，所以外来的气田工人，和务工者大量涌入，致使该地房租飞速增长，遗憾的是飞速增长的只有房租和物价，硬件设施并没有完善，服务意识并没有提升。

二是街上商铺中饭店所占比例较大。陶利街上饭店生意主要集中在新街（陶昂路的两侧），老街商铺本就不多，现在经常营业的就有两家百货超市，两家饭店，一家乡村旅店，还有最西边的一家兽医诊所，其他的店铺多为租赁居住，有些店铺也是常年大门紧闭的。而新街也就是陶昂路两侧则是另外一番景象，但就陶昂路北侧就有商铺约 20 家，其中汽修门市两家，百货超市两家，饭店 14 家。这些商铺的老板都是来自全国各地的不同民族，有当地的蒙古族和汉族，还有来自甘肃、陕西、山西的汉族，来自宁夏吴忠和中卫的回族。这些餐馆和超市所服务的人群主要是陶昂线上行驶的过路卡车司机和油气田工人，为他们提供餐饮服务。

第三节 网络空间下的互动交流

中国传统乡村是一个以血缘和地缘为纽带而形成的、具有紧密关联的村落共同体，长期生活在一起的村民一起进行生产活动，彼此之间互相熟悉、了解，对公共事务的参与性较高。但是，随着社会的不断发展，村民彼此之间的团结状态被一系列的社会运动和市场化经济所摧毁，村庄"原子关联化"程度高，原来的熟人社会逐渐向"半熟人社会"过渡。在传统村落社会即将走向离散之际，移动互联网技术横空出世为人们带来了新的公共空间——网络空间。网络空间作为熟人社会的复制和延伸，促进了村落新的人际关系的形成，人们共处在一个群中，发表自己的看法，参与到村庄的公共事务中，实现乡村公共性的重构。除此之外，人们共享互联网发展所带来的各种机遇，在网络中学习能力，提升自己，也可以展示自己的能力。

一、共建一个"群":网络空间的交流与互动

自从我国农村开始实行家庭联产承包责任制之后,不少村庄都开始走上了"离散化""原子化"的道路,村民们为了过好自己的日子,都抱着事不关己、高高挂起的态度,一心只顾着经营自家的小网,村庄里的人际关系逐渐淡化。但是在全球化风靡全球的时代,"离散化""原子化"已不能满足村庄社区发展的需要,至此,互联网适时而起,铺天盖地地向人类席卷而来,人们被迫地或主动地开始了"入网"行动。互联网的运用在中国乡村地区效果最显著的就是微信的广泛运用。众所周知,微信是由腾讯公司于2010年研发的一款即时通信软件,微信的出现让原本因地域空间的阻隔而中断的人际关系得到重新构建。以微信群聊为代表的网络空间是传统公共空间的延伸和拓展,微信群聊的兴起实现了村民在现实社会中的社会关系在网络空间的延续,微信群聊也成为村落社会关系持续发展与再生产的新的公共空间。微信群聊在乡村的运用,对村落的人际关系以及乡村的公共性重构发挥了重要作用。

首先,村民借助微信群聊以"虚拟在场"的形式实现了村落多元主体共同在场。多元主体共同参与了村落的公共事务,对乡村公共性的重构起到积极的推动作用。微信群聊可以让身处不同地方的村民共处同一空间之内,同样的,同一微信群内包含着不同身份的主体。陶利嘎查四个牧业社都有自己的小队群,也有一个陶利嘎查的大群,陶利嘎查的村级群里有着不同身份但都与陶利嘎查有着密切联系的成员,主要有以下几类主

体成员，代表上级政府组织的包村干部、代表村级自治组织的村委会干部、外出打工的村民、本村常住的村民、外出上学的年轻人。这些不同身份的人同处在这一新兴的空间内，共同参与着村里的事务，抑或关注着村里的动态，偶尔就村里的某件公共事务引起的大家的讨论。网络空间的出现为村民们关注村里公共事务提供了便利，还对乡村公共性的重构起了关键作用。

其次，村民借助微信群聊进行线上交流，大家积极在群里发言，就乡村的日常生活展开了互动。正如前文所提到的，在大集体时村民们会在进行生产劳动时展开日常的交流。但是，自从包产到户之后，陶利嘎查的农牧民为了保护自己的草场也为了自家放牧的方便，将自家的草场都用铁丝网围了起来，人们之间的日常交流逐渐减少。以微信群聊为代表的网络空间的兴起之后，村民们在微信群聊里展开了日常生活的交流，这既是对现实互动的延伸也是对现实交流的补充。村民之间在微信群里交流的多是与日常生活息息相关的内容，例如寻物求助信息、农牧产品交易、村民委员会发出的各项通知信息等。因此微信群聊能够让大家实现消息互通，增加当地农牧民的收入，促进当地社会的发展。

最后，以微信群聊为代表的网络空间为村民展开交往活动提供了重要平台，同时也可以通过微信群聊发起公共行动。陶利地处内蒙古自治区，地域辽阔，居住分散，仅仅一个陶利嘎查占地面积40多万亩，所以村民居住相对分散，除了重大事项以外几乎没有聚集。微信群的出现就克服了这种因空间割裂而减少互动的不利局面。此外，村民还可以通过微信群来发起公共行动，例如打扫卫生、召开村民大会等活动。

微信群聊将大家再次联系在一起，不仅加强了村民之间的交往与交流，也促进了不同文化之间的相互理解与融合。通过微信群，村民们能够随时随地分享彼此的生活点滴、工作动态和节日庆祝活动，这种便利的沟通方式打破了时间和空间的限制，使得人们的联系更加紧密。

在这个共同的群体中，居民们通过文字、图片和视频等多种形式进行交流与沟通。这种互动不仅增进了彼此之间的了解，也为不同背景的文化碰撞与融合提供了平台。通过分享各自的传统习俗、生活方式和庆祝活动，村民们能够更深入地认识和理解对方的价值观，从而提升了相互之间的认同感和归属感。

此外，微信群也成为信息传播的重要渠道。当有重要活动或紧急通知时，村民们可以通过群聊迅速获取信息，及时参与到社区事务中。这种集体参与感进一步增强了村民的凝聚力，让大家在共同的目标和利益面前团结一致。

总之，微信群不仅是现代通信工具的体现，更是促进社区团结与文化交流的重要载体。在这个虚拟的空间里，各种文化得以交融与共生，形成了一个和谐、包容的社区氛围，推动了居民之间的相互理解与友好关系的建立。

二、共享一张"网"：网络空间中的互学互鉴

随着互联网的普及，依托互联网的各种新的网络娱乐软件逐渐增多，快手和抖音在农村很快流行起来，一开始是被青年群体所接受，慢慢的在中年群体也开始盛行起来，据笔者在 T

嘎查调研时发现，玩快手和抖音的群体主要集中在五十岁以下，很多年轻人甚至是小孩都痴迷于抖音和快手，并且村民们互相在线上进行互动。

从整体来看，抖音、快手、微信视频等娱乐方式可以被视为一种重要的连接载体。在当今数字化时代，这些平台不仅是信息传播的渠道，更是个体之间建立联系、互动交流的重要工具。通过这些文化载体，用户能够在虚拟空间中分享生活点滴、表达个人观点，甚至展示才艺，从而促成了多元化的社交网络。这些网络平台打破了地域的限制，使来自不同背景、不同文化的人们能够在同一平台上进行交流，分享彼此的故事和经验。这种互动不仅是单向的信息传递，更多的是一种双向甚至多向的沟通方式，促进了用户之间的理解与共鸣。

在这些平台上，用户通过发布短视频、直播等多种形式，吸引了大量的观众和粉丝，形成了强烈的社区感和归属感。这种社群的建立，使得个体能够在一个更广阔的网络空间中找到志同道合的朋友，分享彼此的兴趣和爱好，进而建立起深厚的情感联结。在这个虚拟社区中，人们不仅可以交流日常生活，还能探讨各自的见解和创意，激发出更多的灵感与互动。

此外，这些娱乐方式为用户提供了展示自我的宝贵机会。许多人通过创作独特的内容而获得了广泛的关注与认可，这不仅带动了他们的创作热情，也让他们在社交网络中找到了自己的定位。随着粉丝数量的增长，用户的自信心也随之增强，他们在表达自我时变得更加大胆和从容。这种积极的反馈循环促进了他们的表达能力和创作技巧的提升，许多用户甚至开始将自己的爱好发展为职业，开启了全新的人生旅程。在这样的社群中，用户之间的互动也变得更加紧密。他们会互相支持、鼓励并分享各自的经历，形成一种独特的文化氛围。这种氛围不仅提升了用户的参与感，还激发了更多人加入创作和交流的行列中，进一步丰富了平台的内容生态。

总之，这些平台不仅提供了一个展示自我和交流的平台，更是一个让人们找到归属感、建立友谊和实现个人价值的重要空间。在这个充满活力的社群中，个体的声音得以被听见，创造力得以被激发，进而形成了一个积极向上的网络环境。

更重要的是，基于网络的文化互通为个体与其他个体或群体的交流互动提供了前所未有的机遇。在这些平台上，用户不仅可以观看和评论他人的视频，还可以与内容创作者互动，提出问题或建议，甚至参与到内容的创作中来。这种参与感让用户不再是被动的观众，而成为文化生产的一部分，进一步深化了他们对内容的理解和认同。抖音、快手和微信视频等娱乐方式作为现代网络文化的重要载体，提供了一个广阔的交流平台，使个体能够在这个平台上实现自我表达与社交互动。这种文化的交融与共享，不仅丰富了人们的生活体验，也推动了社会的多元化发展，成为当代人际关系和文化传播的重要纽带。通过这些平台，个体不仅能够传递自己的声音，还能与他人建立深厚的联系，共同构建起一个生动而丰富的网络文化生态。

首先，快手、抖音、微信小视频等作为网络文化的重要载体，为人们在网络空间进行交流互动提供了丰富的可能性。这些平台不仅使用户能够轻松分享自己的生活、兴趣和创意，还为不同的个体在观看时提供了一个共同的内容平台。例如，在抖音和微信小视频中，用户可以看到彼此多关注的内容，这种算法驱动的推荐机制使得用户能够接触到相似的主题和风格，进而引发讨论和互动。

此外，这些平台通过用户生成内容的形式，鼓励每个人参与到创作中来。无论是搞笑短视频、教程分享还是日常生活记录，用户都能在这些平台上找到展示自我的机会。同时，观众可以通过评论、点赞和分享等互动方式，表达对内容的认同和支持，这不仅增强了创作者的成就感，也让观众感受到参与感和归属感。这种互动形式不仅限于个人之间的交流，平台本身也成为文化传播的重要渠道。人们在观看和参与时，能够接触到多样的文化元素和观点，这种多元化的内容使得用户能够拓宽视野，增强对不同文化的理解。此外，热门话题和挑战活动也常常在这些平台上迅速传播，形成一种集体参与的热潮，进一步促进了用户之间的互动和联系。

总的来说，这些网络平台为用户提供了一个开放和包容的空间，在这里，不同的声音和创意得以共存和碰撞。通过观看和互动，用户不仅能找到与自己兴趣相投的伙伴，还能在这个动态的环境中不断探索和成长。DLG 讲述网络给生活带来的变化。

在如今的社交媒体时代，我们可以通过手机轻松看到好友点赞的视频，这种互动不仅让我们更加了解彼此的兴趣爱好，也促进了交流。比如，当我在抖音或快手上点赞了一段搞笑视频，好友们很快就能看到我的选择，从而了解到我喜欢什么样的内容。同时，我也可以通过查看他们的点赞记录，发现他们的兴趣点和偏好，这种透明性使得我们之间的关系更加紧密。

当我们见面时，常常会围绕在网上看到的内容展开讨论。比如，我们可能会聊起某位快手主播最近的表演，分享她的直播风格、幽默片段或者与观众的互动。这种讨论不仅丰富了我们的谈话内容，也让我们感受到共同的兴趣和乐趣。我们还会关注主播的直播时间，讨论她的下一次直播内容，以及在直播中可能出现的精彩时刻。这种话题的交流，增添了我们之间的互动，也让我们对彼此的生活有了更深的了解。

此外，这种基于视频平台的交流方式，给我们的社交带来了新的活力。在谈论时，我们可以分享对视频的看法、感受以及为什么会被吸引，这样不仅让彼此有了共同话题，也使得我们的友谊得以加深。无论是搞笑视频、才艺表演，还是日常生活分享，这些内容都为我们提供了丰富的交流素材，让我们在轻松愉快的氛围中增进感情。社交媒体不仅是展示个人兴趣的平台，它们也成为我们建立联系与交流的桥梁。通过点赞和分享，我们可以更好地理解彼此，增进友谊，使得面对面的交流更加丰富和有趣。（DLG，男，蒙古族，35岁，访谈时间：2021年2月28日）

其次，快手、抖音等可以扩宽村民的视野，为村民了解新技术、新产品拓宽了渠道。现在好多商家都会在网上进行产品的宣传和售卖，他们采取民众所喜闻乐见的方式进行表演和展示，让更多的人接受和了解自己的产品，还会在直播间附上产品的购买链接，方便观众购买。这些都为村民们的生活带来了巨大的变化。DGTDL 是一位 58 岁的蒙古族农牧民，生活在陶利嘎查。他最近分享了自己关于农牧产品销售直播的经历，这让我们对现代农业与传统生活的结合有了更深刻的理解。

我最近经常观看一些农牧产品的销售直播。这些直播不仅展示了各种农牧产品，还详细介绍了如何操作这些产品、它们的好处以及使用的便利性。主播会通过直播向观众展示产品的实际使用效果，讲解产品的特性和优势。这种方式使我们能够更直观地了解产品的质量和使用方法，并且通常比实体店的价格更为优惠。

前两天，我在一次直播中购买了一套刀具。对于这次购买，我非常满意。直播中的介绍和演示让我对刀具的性能和用途有了全面的了解，而实际使用过程中，最关键的是直播中的价格远低于实体店。

我买了刀具后，我们邻居看见了，也让我帮忙下单帮他们也买一套，像这种情况很多的，我有时候看见别人用的东西好用，也会跟别人要一下商品链接，自己从网上买。现在嘎查里都有快递点，快递很方便。

在访谈中，DGTDL 的谈话透露出他对现代直播购物方式的认同和赞赏。他认为，这种新的购物方式为他们这些农牧民带来了更多便利，也让他们能以更低的价格获得高质量的产品。这不仅使他们的生活变得更加便利，还加强了与周围人的互动和交流。他希望这种便利的购物方式能够继续发展下去，让更多的乡村居民享受到现代科技带来的好处。这段经历反映了在现代化进程中，传统农牧民如何逐步接触并融入新兴的购物方式，同时也展示了技术进步如何改变他们的生活方式，提高生活质量。

快手、抖音等新媒体的出现，给人们带来的不仅仅是娱乐体验，还为他们提供了更多物美价廉的生活用品，尤其是在农牧民的观念中，这种转变尤为明显。这些平台通过丰富的内容和便捷的购物方式，使用户能够轻松获取实用的商品，从而改善了他们的生活质量。在快手和抖音等的直播间购物已经成为一种普遍现象，用户不仅可以实时观看产品的展示和使用效果，还能通过主播的详细解说和互动了解更多信息。这种购物方式让消费者感到更加贴近和信任，因为他们可以看到真实的产品展示，而不是单纯的广告。此外，许多主播会根据自己的使用体验，向观众推荐性价比高的商品，形成了一种"互相推荐、互相帮助"的购物氛围。

这种社交购物模式不仅促进了销售，也增强了用户之间的联系。农牧民用户在观看直播时，常常会通过聊天功能与主播和其他观众进行互动，分享自己的需求和使用感受。这种互动不仅使购物过程变得更加有趣，也让他们在选择商品时感到更有信心。

此外，平台上的社区感也使得用户愿意积极参与到购物推荐中。用户之间不仅会分享自己购买的商品，还会在朋友和家人中间传播这些信息，形成了一种良好的口碑传播链。这种模式不仅帮助了消费者找到合适的产品，也为主播和商家创造了更多的销售机会。

再次，快手和抖音等能够丰富当地的饮食文化，人们可以关注美食主播，跟着主播学做各地的风味小吃，使自己在家就能够吃到异地美食，而关注美食主播的更多的是当地的女性观众，她们一般在家承担做饭的任务，所以会跟着主播学习一些简单的烹饪方法，从而增加自家餐桌上的食物种类，尤其是2020年新冠疫情期间，人们居家防疫时，网络上的各种小吃席卷全网。WRTY讲述网络直播给生活带来的变化。快手和抖音等让当地的妇女有了更多展示自己的机会。

  我平时主要关注的直播内容是歌手主播和美食主播。最初，我对美食主播的关注只是出于好奇，但没过多久，我发现这种关注逐渐改变了我的生活方式。自从关注了美食主播之后，我也开始尝试自己动手做一些以前只在外面吃过的小吃。比如，我以前总是习惯去店里买凉皮，从来不会自己做。去年，我决定挑战一下自己，在家里尝试做凉皮。虽然第一次做的时候效果并不理想，味道也没有达到我预期的标准，但我没有气馁。每做一次，我都会总结经验，改进方法。渐渐地，凉皮的味道越来越好，我也逐渐掌握了制作的技巧。

  除了尝试做外地的小吃，我还会向本地的美食主播学习如何制作一些传统的本地小吃。虽然这些本地小吃我们平时也会做，但每位主播的做法都有所不同。他们往往会分享一些独特的技巧和配方，影响着成品的味道。例如，我们蒙古族常吃的蒙古馅饼，各家做法虽然大同小异，但由于用料和制作方法的不同，每家的馅饼都有其独特的风味。通过学习不同主播的做法，我发现自己可以尝试着调整用料或改变制作步骤，这样做出的蒙古馅饼就会有不同的口感和风味。

这种做法上的探索让我对烹饪产生了更大的兴趣，也让我对传统美食有了更深的理解。每当我成功做出一道美味的小吃，不仅是对自己技能的认可，也让我更加感受到与家人和朋友分享美食的乐趣。通过这种方式，我不仅丰富了自己的饮食体验，还提升了自己的烹饪水平，也为家人和朋友带来了更多的惊喜。

总的来说，通过美食主播的指导，我的烹饪技能有了显著提高。我开始享受这种从网络学习到实践的过程，也认识到，即使是传统的食物，通过不断学习和尝试，也可以不断创新和完善。这种改变让我对未来的烹饪尝试充满了期待，也让我更加热爱探索各种美食的可能性。（被访谈人：WRTY，女，蒙古族；访谈时间：2021年2月28日）

最后，快手和抖音等让人们学会新的生活方式，并且将自己的文化传播得更远。自从快手和抖音等出现以来，一些人摇身一变成为主播，与之前相比较多了一种职业，好多的手工艺人，甚至是农牧民朋友开始拍摄小视频，传播到网上，让更多的人了解到自己本民族的特色文化和日常生活。例如，有人将蒙古族奶制品的制作流程拍成了小视频发到了网上，引起多数网友的反响，还有的人将自家的草场和羊群发到了网上。

随着互联网的发展，给人们的生活带来了翻天覆地的变化。一个微信群可以将天南海北的人联系在一起，打破了地域的限制，使得信息交流变得更加便捷。在农村社区中，微信群作为联系村里人的一个重要纽带，极大地增强了村庄内部外出务工人员与常住居民之间的联系。这种实时的沟通方式使得村民能够及时共享信息，如本地的农业生产动态、天气变化、节庆活动等，增强了社区的凝聚力。

在互联网时代，人们不仅可以突破文化水平和社交圈小的桎梏，还能够在网上展现自己的能力与才华。无论是通过分享自己的专业知识，还是展示手工艺品和农产品，越来越多的人能够借助网络平台展示自己的价值。同时，互联网为民族文化的传播提供了新的机遇。各个民族的传统习俗、语言、艺术作品等都可以通过视频、图片、文字等多种形式在网络上得到展示，让更多的人了解和欣赏多元文化的魅力。

这种文化的传播不仅限于信息的单向输出，互联网还促进了各民族文化在网络空间上的交流与互动。不同文化背景的人们可以在社交平台上讨论和分享彼此的传统，参与到丰富多彩的文化活动中，增进相互理解与尊重。通过在线论坛、直播、短视频等形式，用户可以轻松参与到跨文化的对话中，分享自己的经验和故事，创造出更加多元化的文化环境。此外，互联网还为民族文化的保护与传承提供了新的方式。许多年轻人通过网络学习和传播自己的民族传统，记录和分享地方特色文化，帮助这些文化在现代社会中焕发新的生机。通过网络平台，传统艺术家可以将其作品展示给更广泛的观众，吸引更多的人关注和支持民族文化的传承。

总之，互联网不仅改变了人们的沟通方式，还为文化交流提供了广阔的平台。微信群等社交工具在农村社区中的应用，强化了人与人之间的联系，而网络空间的多元文化交流则促进了不同民族之间的理解与互动，推动了社会的融合与发展。这一变迁还反映出农牧民生活方式的多样化和现代化进程的加速。

在这一过程中，基础设施的改善以及政策扶持的加强也起到了至关重要的作用。此外，教育水平的提升和信息技术的普及也显著改变了当地农牧民的生活方式，使他们更易于接受新技术和新观念，进一步推动了经济发展与社会进步。

第三章　共富：农牧民生计方式的变迁与产业振兴

在社会发展过程中，农牧交错地带的农牧民生计方式经历了深刻的变迁，表现出生计方式的多元化、生产活动的合作化以及生产行为的市场化。这一变化首先体现在生计方式的多元化上，农牧民不再单一依赖传统的农业或牧业，而是结合两者的优势，通过多种生产形式实现收入来源的多样化。许多农牧民开始探索种植与养殖的结合，甚至尝试副业如手工业和旅游业，以应对市场变化和自然风险，从而增强家庭经济的稳定性。其次，生产活动的合作化趋势日益明显。农牧民之间通过合作社、联营等形式，联合进行生产和销售，形成了资源共享、风险共担的合作机制。这种合作不仅提高了生产效率，还加强了农牧民之间的联系与信任，促进了技术的交流与创新。通过集体力量，农牧民能够更好地应对市场竞争，提升产品的附加值和市场影响力。最后，生产行为的市场化则是这一过程中最为显著的特征。随着市场经济的深入发展，农牧民逐渐意识到市场需求的重要性，开始调整生产结构，选择高价值的作物与新品种，提高生产的市场导向性。市场化促使农牧民更加关注产品的质量和销售渠道，积极参与市场竞争，利用网络平台和现代营销手段拓展销售范围。这一转变不仅提升了农牧民的经济收入，也推动了当地经济的整体发展。

农牧交错地带的农牧民生计方式在社会发展的浪潮中发生了重大变迁，通过多元化的生计方式、合作化的生产活动和市场化的生产行为，农牧民不仅提高了自身的生活水平，还为地区经济的可持续发展注入了新的活力。这一系列变化不仅反映了经济结构的调整，也体现了农牧民在面对快速变化的社会环境中的适应能力和创新精神。

第一节 区域经济的互补性与传统生计中的互动

在农牧交错区域，经济的互补性与生计互动的核心在于边商和雁行者这两个商业群体的紧密联系。边商通常是指在农牧交错地带从事商品交易的商人，他们通过流动的商业活动，连接了农民和牧民之间的产品交换。边商利用地理优势和市场需求，采购农作物和牧产品，进行合理的分销和贸易，使得农民的粮食、果蔬等农产品能够顺利进入市场，同时也让牧民的肉类、奶制品等高价值产品得以迅速销售。这样的交易不仅丰富了当地的市场供应，提升了经济活力，也为农民和牧民带来了可观的收入。

雁行者则是指在牧区从事农耕的群体，他们往往是将农业与牧业相结合的务实型经营者。雁行者在传统牧业的基础上，积极尝试引入农业种植，通过轮作和间作等方式，提升土地的利用效率与产出。他们种植的农作物不仅可以作为牲畜的饲料，增加了牧业的生产能力，还能在市场上直接销售，增加家庭收入。

一、边商：传统区域经济贸易者

清朝统治时期"放垦蒙地"政策实施后，"黑界地"逐渐消失，大量的汉族移民涌入蒙地开荒种田，他们将汉族传统的农耕文化传播到游牧文化地区，使农耕文化与游牧文化产生了激烈的碰撞，碰撞之后又因地制宜发生了交流与融合。生活在蒙地的蒙古族世代以游牧为生，所生产的主要是肉、奶、毛等畜牧产品，对生活用品、生产工具等有着必然的需求。而汉族多来自内地，对经商有着更多的认识，所以一部分汉族农民开垦、租种蒙地以种植为生，将自己的农产品卖给蒙古族，也会从蒙古族那里购买生活所需的奶、肉、毛等畜牧产品以维持生计。汉族移民进入蒙地之后，尤为突出的特点就是带来了生产技术。蒙古族历来受游牧文化的熏陶居无定所，以食肉为主，汉族带来了耕种技术，种植蔬菜，饲养鸡、猪等牲畜。彼此经过"互化"之后形成了兼具蒙汉民族特色的生活方式和饮食习惯。BYQKL 讲述汉族与蒙古族之间生计互补。

陶利嘎查的几个汉族户子，你比如说高家、王家、何家他们是新中国成立以前就到了，他们怎么来的呢？当时陶利嘎查有一些大牧场主，牲畜多、草场大，自己家里人手不够，所以就雇这些蒙地讨生活的人放牧。这些人来之后不单单是放牧，还带来了大量的生产技术。例如蒙古族人不会种菜、山药，不会养猪，汉人来之后种菜、玉米、养猪鸡等一些其他牲畜。所以蒙古族人就对汉族越来越重视。汉族人就在当地娶妻生子，扎下根了。草场承包给个人后，汉族和蒙古族一样分到了草牧场。（被访谈人：BYQKL，男，蒙古族，70岁，访谈时间2020年8月15日）

在乌审旗地区，外来者的商业活动对当地蒙古族居民的生活产生了深远的影响。这些外来商人不仅为蒙古族提供了许多生活必需品，如粮食、日用品和其他消费品，而且还积极参与了当地的畜牧产品收购。这些外来商人通常会收购当地的肉类、奶制品和毛皮等畜牧产品，然后将其销往农耕地区。这种商业活动不仅满足了当地居民的基本生活需求，同时也为蒙古族的畜牧业提供了一个重要的市场，促进了经济的循环与发展。

在这一过程中，蒙汉民族之间形成了一种以经济关系为中心的互补与共生关系。这种关系不仅限于经济交易，更深层次地延伸到了文化和社会层面，推动了双方在多方面的互动与融合。

随着外来商人和当地居民的交流不断加深，双方在生活习惯、文化认同等方面逐渐产生了交融。例如，蒙古族的传统饮食和节庆活动在保留自身特色的同时，逐渐受到外来文化的影响，形成了一种新的混合风格。蒙古族的美食，如奶制品、烤全羊等，可能会融入一些汉族的调味方式和烹饪技艺，使得菜肴更加丰富多样。同时，外来商人在经营过程中也逐渐学习和融入蒙古族的风俗习惯，比如在节庆期间参与当地的盛大庆典，了解蒙古族的传统礼仪和习俗，以便更好地与当地居民建立联系。这种互动不仅增强了商人与居民之间的信任，也使得外来文化在蒙古族的传统基础上获得了新的生命力。

此外，双方的文化交流还体现在艺术和手工艺方面。蒙古族的传统音乐、舞蹈和工艺品在与外来文化的碰撞中，激发出新的创作灵感。例如，蒙古族的长调与汉族的民间音乐相结合，可能形成新的音乐风格，吸引了更广泛的听众群体。同时，外来商人也可能将自己的艺术形式与蒙古族的传统元素结合，创造出独特的艺术作品，进一步促进了文化的交融。

这种互补与共生关系不仅丰富了双方的文化内涵，还促进了社会的和谐发展。随着双方在经济、文化和社会层面的深入互动，蒙汉民族的共同体意识逐渐增强，形成了一种多元共生的社会结构。在这个过程中，双方共同分享资源、知识和经验，促进了共同发展与繁荣。

总之，蒙汉民族之间以经济关系为中心的互补与共生关系，已经不仅仅局限于商业交易，而是通过文化认同和生活习惯的交流，逐渐形成了一个丰富而多元的共同体。这种关系不仅提升了双方的生活质量，更为区域的和谐发展奠定了基础。在笔者的访谈中，无论是蒙古族还是汉族的居民都提到了一种特殊的职业——货郎。货郎在这个地区扮演着重要的角色，他们不仅是商品流通的桥梁，也是文化交流的媒介。这些货郎通常会定期到各个村庄进行交易，携带着各种商品，满足当地居民的需求。而在陶利嘎查，最为知名的货郎便是来自陕西榆林的镇川货郎。他们的出现不仅丰富了当地的商品供应,也成为当地居民生活的一部分。他们通过与镇川货郎的交易,不仅获得了生活必需品,还享受到了与外来文化接触的机会。

这种货郎文化体现了外来者与当地居民之间深厚的经济关系和人际互动。货郎在一定程度上成为文化传播者,他们所带来的商品和信息,不仅满足了物质需求,还促进了不同民族之间的理解与融通。随着时间的推移,这种经济和文化的交融不仅增强了乌审旗地区的经济活力,也为当地的社会多样性和文化融合奠定了基础。DGTDL 讲述汉族货郎在当地的趣闻。

> 早些年的时候,榆林镇川的"边客"用馍馍(镇川干炉)和一些手工艺品来跟蒙古族换牛羊,因为蒙古族手工技术比较粗糙。一盒馍馍、一件衣服抑或几个发卡就可以换一个羊羔子,羊羔又带不走所以就托蒙古族给养着,养过一年之后下了羔就成几只羊,甚至十几只,凑成一群了赶走了。哪怕是现在蒙古族人也过分地依赖草原。技术和生产工具都是从外面买,比如说现在蒙古族大量用的机械都是从南方买进来的,自己生产的很少。(DGTDL,男,蒙古族,访谈时间:2020 年 8 月 28 日)

然而,在笔者的田野调查中,发现并非所有陶利的居民都对镇川货郎持欢迎态度,一些当地人对他们的看法相对负面。他们认为镇川货郎的商业行为显得狡猾且奸诈,甚至有些人指责他们在交易过程中存在不诚实的行为,涉及偷窃等不道德行为。这种负面的评价不仅反映了对货郎个人行为的不满,也揭示了外来商人与本地居民之间潜在的信任危机。

这种情况引发了对外来商人与当地居民关系的进一步讨论。尽管货郎在经济上为当地提供了便利和商品，但他们的某些行为却可能使得居民对其产生警惕甚至厌恶。这种信任的缺失可能会影响商业交易的顺畅进行，进而影响当地经济的可持续发展。因此，如何在促进经济活动的同时，建立起双方的互信关系，成为一个亟待解决的问题。

解决这一问题的关键在于建立透明的交易机制和良好的沟通渠道。首先，透明的交易机制能够有效减少误解和矛盾，确保交易双方的权益得到保障。在这种机制下，外来商人应当更加尊重当地的文化和习俗，增强自身的诚信意识，以赢得居民的信任。通过遵循当地的商业规范和礼仪，商人可以展示对当地文化的尊重，从而增强与居民之间的关系。此外，诚信经营不仅有助于建立良好的商业信誉，也能促进双方在长期合作中的互信。

与此同时，当地居民也需要以开放的心态去理解外来者，积极寻找共同发展的机会。通过增强自身的包容性，居民可以更好地接纳外来商人及其文化，从而推动不同文化之间的交流与融合。这种开放的态度有助于打破双方在文化和经济上的壁垒，促进对话与协作。

在此基础上，双方可以通过定期的沟通和交流活动加深理解。比如，组织文化交流活动、商贸洽谈会等，促进外来商人与当地居民的互动，增进彼此的了解和信任。只有通过相互理解与信任，才能实现经济的良性循环和社会的和谐共生。这不仅有助于提升当地的经济活力，还能增强社区的凝聚力，为各方创造一个更加繁荣和谐的生活环境。总之，建立透明的交易机制和良好的沟通渠道，是推动蒙汉民族之间互利共赢的重要途径。在当地流传着一个关于镇川货郎的故事：

> 据传，改革开放初期，具有陕北的义乌之称的镇川成了当时有名的小商品批发市场，镇川人就拿着小商品开始走蒙地，但是慢慢的蒙古族人发现他们手脚不老实所以就没有牧民愿意收留他们住宿，在茫茫的草原上没有旅馆客栈，尤其到了冬天货郎住宿就是难事。一次一个镇川货郎求宿无果后，就在主人家的小孩子屁股里塞了一点辣椒，小孩哭啼不止，也不会说话。一家人都没有办法，此时货郎就说他有办法，需要其他人回避。等人都出去后，他把辣椒取出来，并且帮小孩清洗干净后，小孩果然不哭了。由此该主人人觉得这人真厉害，跟神一样，所以以后就把货郎奉若上宾。（故事系笔者在田野点收集）

二、雁行者：农耕文化的传播者

在陶利有这样一群人叫做"雁行者"，是指在陶利嘎查租种土地的汉族人，他们并不是长期定居在陶利嘎查的，只是在农忙时短暂性的在此居住。来此租地的汉族人与拥有土地的蒙古族人在表面上形成了"出租土地——租种土地"的经济关系，其实这种经济关系背后是彼此之间的相互认同，这种关系也是蒙汉民族间的一种互惠关系。在此，笔者将通过对两种具体的租赁形式进行简单论述，剖析其如何体现背后的互惠关系。

一种是有承租费的租赁关系。这种就是比较常见的通过承包费形成的"出租——承租"关系。这种关系一般是蒙古族人全部外出家里没有人操持，也不再饲养牲畜，所以就之间按亩定价，或每年缴纳承包费，或一次性承包五年、十年、二十年的。这种关系虽然很简单，即通过货币形成的经济关系，但是其背后还是有一些深层含义的。在交易过程中，汉族租户不仅仅是经济利益的追求者，他们往往会尊重蒙古族的文化和习俗，努力融入当地的生活方式。这种尊重与融入，促进了双方在文化上的交流与互动，增强了彼此之间的信任感。同时，蒙古族土地拥有者也在这个过程中获得了稳定的租金收入，减少了土地闲置的风险，实现了经济利益的最大化。此外，租给谁？也有很大的讲究，在陶利嘎查租种土地的人有很多，但是蒙古族人在选择把地租给谁时，是有着自己的衡量标准。其中最重要的一条原则就是人品好，不能有偷盗行为。在访谈的过程中，大多数外地人都谈到，在蒙地你可以随意进去陌生人的家里寻找吃的喝的，哪怕主人不在家也无所谓，但是切忌偷东西，蒙古族人最不能容忍的就是偷窃。并且讲述了一个汉族人也是在陶利租种地十几年了，但是就是因为手脚不老实最近几年被"赶走"的案例。

另一种是没有承租费的租赁关系。是指"地主"[1]与租客之间并不是通过金钱的方式形成的租赁关系，而是通过其他互惠条件和特定要求形成的关系。比如说，蒙古族可以将比较

---

〔1〕 当地人习惯性地把自己租种的土地拥有者称为"地主"。

贫瘠的土地免费送给汉族租种，但是要求汉族在租种期间，为其提供一定数量的饲草，其实饲草只是其获利的一部分，还有关键的一点是他们明白经过汉族这几年的耕种，土地必将更加肥沃，因为他们相信汉族人比他们更有办法来改变土地的质量。所以虽然这种租赁关系并不多见，至少现在并不多见（据听说在以前较常见），但是更能体现蒙汉民族关系中的互惠原则。W先生讲述自己与蒙古族之间的互惠案例。

  我现在种这个地主的地，缘由是这样的。他们家原来的水浇地被修建火车道征了，后来他又让嘎查为自己重新开垦了一块地，他自己先种了两年，颗粒无收。一方面是因为新开的地，比较贫瘠，另一方面是蒙人不会种地，舍不得在地里投资，就肯定吃不上庄稼（方言：没有收成），后来这个老蒙人把地分开给两个儿子，他们儿子又都有工作，也不会种地，所以他们家就把我叫去商量，让我种他家的地，约定五年期限，每年种地收的草给他家，我都是种玉米，所以每年的玉米秸秆给他家。一年大概就打个700多捆草，其他的我都打在地里还田了。当时也没签协议，我们都认识十几年了，互相信任，所以就口头约定。我第一年开始种的时候就往地里拉了几千块钱的沙，因为他那是泥地，水多的地方盐碱化严重，所以我就垫沙，在我们老家就是这么处理的。（被访谈人：W先生，男，汉族，陕西榆林人，访谈时间：2020年7月18日）

  在W先生家的访谈过程中，笔者发现，W先生家和其"地主"家之间有着更密切的联系，例如W先生的妻子不停地给我讲述自己和"地主家"的女主人两人之间的家庭琐事——

"地主家"老婆做了什么特色小吃叫她去品尝、"地主家"老婆每隔几天就过来跟她聊聊天等等。都足以证明了 W 先生一家与其"地主"家之间密切的关系，他们之间的密切关系还表现在生活中的互帮互助上，例如在访谈的那天遇到的一个插曲：

  W 先生是陕西榆林人，已经在这里租地种地快十五六年了。在他与我们交谈的过程中，正值访谈即将结束，准备吃晚饭的时候，W 先生接到了"地主"的电话。电话中，"地主"告诉他有一只羊生病了，希望他能去看一下。W 先生立刻放下手中的事情，表示会去查看。大约一个小时后，W 先生拉着一只剥好的羊回到了家里。他向我们解释了事情的经过，原来"地主家"的草场周围最近出现了一群狗，这些狗经常追逐羊群，却并不真的去捕食它们。今天，这只羊被狗追得气喘吁吁，显然是受到了惊吓和疲惫，情况看起来非常糟糕，最终决定把这只羊杀掉。W 先生并不是因为贪图羊肉而做出这个决定，而是出于对羊只的负责和对"地主"的信任。在处理完羊后，"地主"表示非常感谢 W 先生的帮助。他告诉 W 先生，将羊的皮子留给他，而羊肉则送给了他作为酬劳。W 先生欣然接受了这个安排，心里也感到十分满足。他知道，自己不仅是在完成一项任务，更是在维护与"地主"之间的良好关系。

  这种互助的关系在当地的蒙汉民族之间是十分普遍的。W 先生的经历不仅体现了他与"地主"之间的经济往来，更加深了两者之间的信任与友谊。在农忙季节，W 先生不仅是土地的租户，更是土地的守护者，他的付出得到了"地主"的认可，也为他在当地的生活增添了更多的温暖与人情味。这样的互惠关系，正是蒙汉文化交融与和谐共生的生动体现。

W 先生回来之后说，类似这样的事情有很多，平时"地主家"有什么不会干或者人手不够的时候，就会打电话给他，因为"地主家"的两个儿子都在外面工作，所以家里剩下老两口，能帮就帮一把，他种着人家的地，关系都很好，所以平时也交往的比较多。他非常自信在租期到了之后，如果是继续往外租，自己有优先承包权。这证明了在 W 先生以及其"地主"心里都对彼此有着更深的了解和认同。

陶利嘎查的土地租赁关系背后，实际上是一种基于互惠互利、各取所需的经济合作模式。这种关系的形成过程，正是不同群体之间通过认知与交流逐渐建立起理解与信任的过程。在多年的发展中，这种模式发展成为一种深度的共存共生关系，彼此之间形成了"你中有我，我中有你"的动态互动。

在陶利嘎查，不同群体通过业缘关系这一纽带，进行了深入的交往与沟通。这种交往不仅仅限于经济层面，还包括文化、信息等多方面的交流，进一步加深了彼此的理解和认同。这种认同感的建立，促进了该地区和谐的关系形成，使得各方在合作中能够愉快地共处，形成了良好的社会氛围。

从另一个角度看，该地区的业缘关系的建立，实际上是基于相互熟悉和认同的基础之上。如果缺乏这种认同，彼此之间的信任和合作就会受到影响，从而难以形成稳定的业缘关系。因此，建立在共同利益和相互理解之上的合作模式，成为促进区域和谐发展的重要基础。

在这种背景下,陶利嘎查的经济活动不仅促进了当地的经济发展,也为各方的合作提供了一个良好的平台。通过共同的目标和利益,参与者能够在相互尊重的基础上,建立起长久而稳定的合作关系。这种积极的互动模式,为区域的和谐发展奠定了坚实的基础,也为未来的合作开辟了更多可能。

第二节 生计变迁:市场化背景下农牧民生计策略选择

在市场化背景下,农牧民的生计策略选择正面临深刻的变革,尤其体现在生产活动的合作化以及生产行为的市场化和契约化方面。随着经济的发展和市场机制的不断完善,农牧民逐渐认识到单打独斗的局限性,合作社和集体经济组织的兴起为他们提供了新的生计模式。通过合作化,农牧民可以在资源整合、成本分摊和风险共担等方面实现优势互补。例如,农民合作社能够集中采购生产资料,降低成本,同时在市场销售中增强议价能力,获得更多的收益。此外,合作社还能够提升农产品的质量和品牌影响力,借助集体的力量更好地开拓市场。

另外,生产行为的市场化和契约化趋势也日益明显。农牧民在参与市场交易时,逐渐意识到建立明确的契约关系的重要性。这种契约不仅涉及产品的价格、交货时间等基本条款,还包括产品质量、售后服务等方面的约定。通过契约化,农牧民能够有效减少市场交易中的不确定性，维护自身的合法权益。在这种背景下，农牧民与企业、加工厂、供销社等市场主体之间的关系也日趋紧密，形成了多元化的合作模式。

此外，市场化背景下的农牧民生计策略选择，还促使他们不断提升自身的市场意识和经营能力。面对日益激烈的市场竞争，农牧民需要不断学习市场营销、财务管理等知识，以适应快速变化的市场环境。与此同时，信息技术的进步也为他们获取市场信息和进行生产决策提供了便利，尤其是在电商平台的推动下，越来越多的农牧产品能够直接进入消费者的视野，缩短了生产与消费之间的距离。

生产活动的合作化和生产行为的市场化、契约化，不仅为农牧民的生计策略选择提供了新方向，也为农村经济的可持续发展注入了新的活力。通过合作与契约，农牧民能够更好地把握市场机遇，实现增收致富的目标，为乡村振兴贡献力量。

陶利嘎查在村"两委"和扶贫驻村工作队的领导下，因地制宜立足于当地特色畜种，采取"党支部+合作社+贫困户+一般户+企业（合作社）"的发展模式，在旗政府的大力支持下成立了鄂尔多斯细毛羊养殖合作社。不仅保护鄂尔多斯细毛羊使其能够传承发展下去，还能够发展当地产业，带动贫困户实现产业脱贫，助力嘎查村实施乡村振兴战略。

一、合作化：合作社成员间的关系

陶利嘎查农牧民走上合作化的道路，一方面是由于政府的支持和引导，地方政府为了保护和发展地方特色产业，制定了一列的惠民补贴政策，要求就是必须让鄂尔多斯细毛羊养殖规模化、科学化才能享受补贴政策，因此嘎查便牵头组织当地养殖大户成立合作社扩大养殖规模，达到当地政府的要求。另一方面是能够适应市场的发展，形成规模后他们就可以与大企业签订长期的供销合同，实现利益最大化。合作社成员之间有的是邻居，有的是亲戚关系，既有蒙古族，也有汉族。不管他们是之前邻居关系还是亲属关系，但是在合作社成立之后他们又多了一层关系——"同事"关系。这种关系是比较松散的，虽然他们之间也签有股东协议，但是这个协议更多的是为了使合作社有一个"合法的"的身份去向政府申请优惠政策，与其他企业达成合作关系。但是合作社社员之间与之前相比多了交流与学习，合作社哪家的羊养的好，利润高大家就会一起参观，交流养殖经验。在陶利嘎查蒙汉民族为了取得长足的发展，蒙汉民族组成一个利益共同体，彼此之间相互交流经验、取长补短，足以说明了在当地蒙汉民族的心里都对彼此有了强烈的认同，也展示了当地和谐的族际关系。

陶利嘎查成立鄂尔多斯细毛羊养殖合作社，合作社共41位股东，每一位股东出资10万元共410万元，合作社由JRMT担任法定代表人，其中蒙古族有38位，汉族有3位，分别是LSBYE、FJD、GYZ。从表3-1我们可以看出，合作社的主体是陶利嘎查的农牧民，且都是鄂尔多斯细毛羊养殖大户。

表3-1 陶利嘎查鄂尔多斯细毛羊养殖合作社股东名单

序号	姓名	民族	序号	姓名	民族
1	JRMT	蒙古族	22	EEDNBLG	蒙古族
2	WRTY	蒙古族	23	FJD	汉族
3	EEDMT	蒙古族	24	GYZ	汉族
4	EDNWL	蒙古族	25	ALTWL	蒙古族
5	BRGD	蒙古族	26	WYDL	蒙古族
6	HBRGD	蒙古族	27	SCRI	蒙古族
7	RXWZL	蒙古族	28	CGLH	蒙古族
8	JRGLGXG	蒙古族	29	HBSHT	蒙古族
9	SQDL	蒙古族	30	SXYLT	蒙古族
10	EDNBLG	蒙古族	31	MR	蒙古族
11	CLG	蒙古族	32	BHBYE	蒙古族
12	CGQL	蒙古族	33	CGGRL	蒙古族
13	SKGQ	蒙古族	34	ALTS	蒙古族
14	DEJZMS	蒙古族	35	MGBE	蒙古族
15	WRH	蒙古族	36	WJNRB	蒙古族
16	LSBYE	汉族	37	DBXLT	蒙古族
17	QZRGT	蒙古族	38	JMS	蒙古族
18	DL	蒙古族	39	TME	蒙古族
19	CGJLT	蒙古族	40	SRTY	蒙古族
20	SQDL	蒙古族	41	SRDL	蒙古族
21	ZHL	蒙古族			

资料来源：名单由陶利嘎查提供

陶利嘎查鄂尔多斯细毛羊养殖合作社是政府扶持的企业，企业主要由嘎查内养殖大户和生活困难户组成。每隔一段时间，嘎查委员会就会组织养殖户进行养殖方面的培训与交流学习。在交流大会上，主要参与者有三类人。一是组织者，即陶利嘎查委员会，他们负责召集大家首先进行集中养殖培训，培训之后去参观养殖大会，交流养殖经验。EEDMT 是当地有名的养殖大户，在他家召开养殖交流现场交流会，更有说服力。二是养殖户，养殖户里蒙汉民族都有，他们会向养殖经验丰富的人交流经验。在现场交流的过程中，嘎查里的养殖户不论是蒙古族还是汉族，全都用蒙语交流。三是饲料供应商。饲料供应商都是外地的汉族人，他们给当地农牧民宣传科学养殖方法。例如在什么时期应该给牲畜补充什么营养，应该补充多少，怎么补充等等，当饲料供应商与农牧民交流经验时，都是用汉语进行交流，当地农牧民依然能够交流顺畅。

二、契约化：合作社与企业之间的关系

蒙古族以诚信为核心价值观，将其视为伦理道德的重要组成部分，规范着自己的言行举止。在这一民族的传统中，诚信不仅是一种美德，还是维系社会关系的基石。这种重视诚信的文化在蒙古族的生产和生活的方方面面都得以体现，形成了一种独特的社会风尚。草原上流传着许多感人至深的诚信故事，讲述了人们在面对挑战和困境时，如何坚守承诺、履行责任，体现出深厚的人情味和道德观。

在陶利嘎查，蒙汉民族在日常的生产生活中同样秉持着诚

信的原则。无论是在土地租赁、牲畜交易还是其他经济活动中，诚信都成为彼此之间重要的契约关系。这种契约关系不仅仅是简单的交易往来，更是基于互信与理解的合作基础。参与者在协议中所做出的承诺与约定，承载着彼此的信任，促使各方在合作中更加顺畅与和谐。

这种诚信的文化氛围，增强了社区的凝聚力和稳定性，使得人们在面对纷繁复杂的经济活动时，能够放心地进行合作。在陶利嘎查，诚信不仅仅是一种道德规范，更是推动经济发展的动力。在每一次交易和合作中，参与者都深知信任的重要性，因而愿意在诚信的基础上建立长期的合作关系。这种良性的循环，进一步促进了地区的经济繁荣和社会和谐。

因此，诚信作为一种核心价值观，不仅丰富了蒙古族的文化内涵，也在陶利嘎查的蒙汉民族交往中，发挥着不可或缺的作用。这种文化的传承与发扬，使得各方在合作中能够共赢，推动了区域的可持续发展。LSBYE 讲述蒙汉民族之间的契约关系。

我们这里以前牧民关系都很好，谁家有事情都会自发地去帮忙。我们谁家遇到急事了，急需用钱的时候，都会去跟嘎查里的人去借，也不需要打借条，就是口头说一下还款的时间，等到了时间，借了钱的人就是把自己的牲畜都卖了，也得凑钱给人家还上。以前，我们草场多牛羊少的时候，陕西的汉人就把自己家的羊放到我们草场上，也不用签协议，到年底了，你的羊下了了多少羊羔子，都给人家了。（LSBYE，汉族，69 岁，T 嘎查农牧民，访谈时间：2020 年 7 月 29 日）

历史上，诚信一直是不同群体交往交流的重要影响因素。在陶利嘎查，人与人之间的关系长期以来都建立在诚信的基础上。过去，居民们通过口头约定进行钱物互借、牲畜共养和货物贸易等活动，彼此之间的信任使得这些交易顺利进行，几乎不需要担心有人会不信守诺言。这种以诚信为基本纽带的交往方式，不仅促进了经济活动的发展，也增强了社区的凝聚力。

然而，随着社会的变迁和经济的发展，法律意识逐渐在人们心中扎根，传统的道德规范面临着新的挑战。在这个迅速变化的时代，现代社会对交易的透明度和安全性有了更高的要求，单纯依赖口头约定已显得不足以满足日益复杂的经济活动需求。许多交易因缺乏明确的书面协议而引发纠纷，给双方都带来了不必要的损失和困扰。

因此，嘎查内开始出现"写合同""签协议"等现代化的契约方式。这一转变不仅反映了人们对交易安全和法律保障的重视，也显示了他们在适应新经济环境方面的积极态度。通过书面合同的方式，交易双方能够明确各自的权利与义务，减少误解和纠纷的发生，从而提高交易的效率和安全性。这一变化还促进了当地经济的进一步发展，增强了商家和消费者之间的信任感。在这种新型的交易模式下，农牧民们不仅能够更好地维护自身的利益，也能在市场中获得更多的机会与合作伙伴。这一现象标志着嘎查在法律意识和契约精神方面的提升，表明他们正在朝着更加现代化和规范化的方向迈进，为未来的经济发展奠定了坚实的基础。如今，农牧民在进行交易时，越来越多地选择通过书面合同来明确各方的权利和义务。这样的变化不仅提高了交易的规范性和透明度，也减少了因误解或争议而产生的纠纷。合同的签署使得双方在交易中能够更好地遵守约定，增强了彼此之间的信任感。尽管传统的道德观念仍然存在，但现代契约意识的增强为嘎查的经济活动注入了新的活力，推动了农牧民在市场经济中更好地发展。因此，在这个转型过程中，如何在保持诚信的基础上，合理利用现代法律工具，成为嘎查居民亟需面对的重要课题。通过这种方式，陶利嘎查的经济活动才能在诚信与法律之间找到平衡，实现可持续发展。养殖合作社成立之后不仅仅有着社员之间的合作互助关系，还体现了"契约化"的社会关系。主要体现在两个方面。其一，合作社社员与合作社签订的供销关系，合作社与其签订供销关系，约定每年向合作社提供多少只羊，只有签了协议之后，才能够享受政府的补贴。其二，与企业之间契约化的合作关系，或者说是一种较为正式的"契约化"的供销关系。

第五条双方的权利与义务[1]

1. 甲方为了实现长年均匀收购目标，甲方一定要履行承诺的收购数量。

2. 甲方收购方式为甲方上门收购，运输费用由甲方承担；屠宰费用由甲方承担，头蹄下水归甲方所有，皮张归乙方所有。

3. 甲方必须足额给付收购款。

4. 乙方必须在协议约定的时间内，按照约定数量提供鄂尔多斯细毛羊。

---

[1] 节选自《鄂尔多斯肉羊定向收购协议》，资料来源于陶利嘎查委员会。

5. 乙方向甲方提供所销售产品的正规的当地检疫证明，并如实向甲方报告近期养殖状况，若发现有病或异常情况应及时向甲方汇报，甲方组织相关人员和部门进行检验检疫，若发现有不符合规定的传染疾病等，立即终止合同。

随着社会经济的快速发展，市场化逐渐成为常态，农牧民也同样被"卷入"这一市场潮流之中。面对日益复杂和竞争激烈的市场环境，个体散户往往难以独自适应，面临着价格波动、市场需求变化以及技术更新等多重挑战。在这种情况下，单打独斗的模式显得十分脆弱，许多农牧民意识到，只有通过合作才能增强自身的市场竞争力。因此，他们选择抱团合作，成立合作社。通过集体的力量，农牧民希望在市场中实现资源的整合与优化，提高生产效率，降低成本。在合作社的帮助下，个体农牧民可以共享信息、技术和市场渠道，从而更有效地应对市场变化。此外，合作社还能够进行规模化生产，提升产品的质量和一致性，使得他们的劳动产品在转化为商品的过程中获得更多的利益。

合作社不仅为农牧民提供了一个平台，使他们能够共同面对市场挑战，还增强了他们的议价能力和市场竞争力。在面对外部市场时，作为法律地位相对"弱者"的农牧民（因文化程度普遍较低，对法律知识的掌握不够深入和透彻），往往不得不肩负起法律的重任，与外部公司签订各种协议，以实现自身利益的最大化。

在这种背景下，合作社与企业之间的关系逐渐演变为一种"契约化"的关系。通过签订正式的合同，合作社能够在与企业的合作中保障自身的权益,确保每位成员的利益得到合理的体现和维护。同时,合作社成员之间由于形成了"一致对外"的合作关系,彼此的联系也变得更加紧密。这种团结合作的精神不仅增强了他们在市场中的话语权,也促进了彼此之间的信任与支持,从而为整个合作社的可持续发展打下了坚实的基础。

第三节 集体经济:乡村振兴的坚实基石

集体经济在乡村振兴战略中扮演着至关重要的角色,成为推动农村经济发展的重要动力。作为一种新型的经济组织形式,集体经济通过整合资源、优化配置,能够有效提升农村集体的经济实力和竞争力。首先,集体经济为农民提供了稳定的收入来源。通过合作社、集体企业等形式,农民可以参与到更大规模的生产和经营活动中,分享利润,增强抵御市场风险的能力。此外,集体经济还可以促进技术创新和知识传播,提升农业生产的效率和产品的附加值。例如,集体经济组织常常能够吸引专家、技术人员进行指导,推动农民掌握先进的农业技术和管理经验,从而提高生产水平。其次,集体经济在促进农村就业方面发挥着重要作用。随着集体经济的发展,新的就业机会不断涌现,农民不仅可以从事传统的农业生产,还可以参与到农产品加工、销售、旅游开发等多元化的产业中,拓宽了就业渠道,增加了农民的收入。通过集体经济的带动,农村地区的经济结构得以优化,农民的生活水平显著提升,从而实现了共同富裕的目标。再者,集体经济在基础设施建设和公共服务方面也起到了积极的推动作用。集体经济组织往往会利用自身的经济实力，积极参与到农村基础设施的建设中，如道路、水利、住房等，改善农村的生产生活条件。同时，集体经济也可以在教育、卫生、文化等公共服务领域发挥作用，提高农村居民的生活质量和幸福感。最后，集体经济有助于增强农村的组织化和凝聚力。通过集体经济的形式，农民能够形成更紧密的合作关系，增强集体意识和责任感。这种集体的力量不仅提升了生产效率，也增强了农村社区的凝聚力和向心力，使农民在面对外部挑战时能够团结一致，共同应对。

集体经济在乡村振兴战略中具有不可替代的重要性。它不仅为农民提供了经济支持和就业机会，还推动了农村基础设施建设和公共服务的改善，增强了农村社区的凝聚力。通过发展集体经济，乡村振兴的目标能够更好地实现，从而为实现全面建成社会主义现代化国家奠定坚实的基础。

一、集体经济的多元类型

在全面推进乡村振兴和壮大村集体经济的进程中，陶利嘎查积极聚焦"延链补链"策略，努力推动农牧区产业由短链发展向全链发展转变。为了实现这一目标，嘎查着力延长产业链，通过引进先进技术和设备，提升农牧产品的加工深度和附加值。同时，拓宽价值链，通过多元化的产品和服务，满足市场需求，并探索新的销售渠道，增加农民收入。此外，陶利嘎查还致力于完善利益链，通过建立合理的利益分配机制，确保参与生产和经营的农民能够共享发展红利。在这一过程中，嘎查注重促进第一、二、三产业的深度融合，形成"接二连三"的发展格局。这一格局不仅提升了农业的生产效率和市场竞争力，还推动了农村经济的多元化发展，使农民能够从中获益。通过这些举措，陶利嘎查在推动产业结构优化升级的同时，也增强了村集体经济的活力和可持续发展能力。最终，这种全链条、融合发展的模式，不仅为嘎查的经济发展注入了新的动力，也为实现乡村振兴的目标奠定了坚实的基础，促进了农村居民的共同富裕和生活水平的提升。

（一）安格斯肉牛标准化养殖场

近年来，鄂尔多斯市致力于打造西部高端肉牛生产区以及优质绿色草原牛肉供应输出基地，这一战略目标为地方经济发展提供了强有力的支撑。在这一大背景下，乌审旗积极推进"乌审黑牛"高端肉牛核心基地的建设，力求通过优质肉牛养殖促进乡村振兴和经济发展。陶利嘎查审时度势、因势利导，将发展"乌审黑牛"肉牛养殖产业作为嘎查的主导产业，以"草原牧养＋高效育肥"为导向，逐步形成以村集体经济为支撑的肉牛产业，推动产业的壮大和提质。

在2022年，陶利嘎查的"两委"及村民代表大会经过集体研究，决定建设陶利嘎查安格斯肉牛标准化养殖场。该项目总投资108万元，占地面积达6000平方米，养殖规模达到1000头。目前，已经引进安格斯肉牛200头，进一步丰富了养殖品种，提升了养殖效益。截至2022年底，通过托管代养安格斯基础母牛，村集体经济已完成收入8.2万元，显示出良好的经济效益及可持续发展潜力。

陶利嘎查的成功不仅体现在经济收入上，更在于其示范效应。依托嘎查村集体的引领作用，2022年新培育发展了10户安格斯肉牛养殖示范户，这些示范户通过学习和借鉴先进的养殖管理经验，带动了更多农民参与到肉牛养殖中来，形成了良好的产业发展氛围。目前，全嘎查的肉牛养殖规模已达到8000头，预计2022年底将产生2000万元的经济效益，为嘎查的经济结构转型与升级注入了强劲动力。

为了进一步推动产业发展，陶利嘎查计划在下一阶段进行集体经济的企业化运营改革试点。通过实施农牧区"三变改革"，即资源变资产、资金变股金、农民变股东的改革路径，充分激活嘎查的自然资源、存量资产和人力资本。具体而言，嘎查将通过固定资产入股、土地流转等方式，整合已经草原确权的脱贫户、外出务工户、无劳动力户以及有意向规模经营的户的草牧场，形成规模化、集约化的现代草牧场建设和饲草料基地。

在这一背景下，陶利嘎查还将注重与农牧民建立更加紧密的利益联结机制，通过合理的利益分配和风险共担，确保每位参与者都能享受到产业发展的红利。这不仅有助于提高农牧民的经济收入，更能增强他们的参与感和归属感，为乡村振兴提供坚实的社会基础。

此外，陶利嘎查还积极探索产业链延伸与价值链提升的路径。通过与科研院校、农业专家和市场主体的合作，推动科技成果的转化应用，提升肉牛养殖的科技含量。引进现代化的养殖设备和管理模式，优化饲养技术，提高肉牛的生长速度和肉质，增强市场竞争力。同时，嘎查还将加强与各大销售平台的对接，拓宽牛肉的销售渠道，提升品牌影响力，使"乌审黑牛"成为更具市场竞争力的优质品牌。

陶利嘎查在"乌审黑牛"肉牛养殖产业发展过程中，充分利用了地方资源，注重集体经济与农民利益的结合，努力推动产业的可持续发展。通过实施一系列的改革与创新，陶利嘎查将继续为实现乡村振兴、促进农民增收、推动地方经济发展而不懈努力，力争将陶利嘎查建设成为西部地区高端肉牛养殖的重要示范区和优质牛肉生产基地。

（二）玉米压片厂

在推动肉牛养殖产业发展的过程中，陶利嘎查不仅注重养殖本身的提升，还积极探索产业的相互融合，特别是在粗饲料与精饲料的加工协调发展上，力求打造一个完善的肉牛养殖"后厨"。这一举措不仅增强了加工业对肉牛产业的赋能，更为乡村振兴提供了新的动能。

依托周边丰富的玉米资源，陶利嘎查已成功建成苏力德苏木陶利嘎查乡村振兴年产5万吨蒸汽玉米压片厂。这一项目总投资312万元，配套设施包括玉米烘干车间、生产车间和库房等。通过对玉米的压片加工，饲料的营养成分较传统喂养方式提升了30%，这不仅提升了肉牛的生长速度，还有助于改善肉质，从而提高养殖效益和减少农牧民的养殖成本。预计该压片厂年产值可达1亿元，彰显了其对地方经济的潜在贡献。

此外，陶利嘎查还在积极推进年产10万吨精饲料加工项目和1万头安格斯肉牛TMR（全混合日粮）中央厨房的前期报批手续，计划在 2022 年底前建成投用。这些项目的实施将进一步完善肉牛养殖产业的纵向发展链条以及横向支撑产业链条，确保服务保障农牧民发展肉牛养殖的力度进一步加大。通过这种产业链的整合，陶利嘎查能够实现从原料到成品的闭环管理，不仅提高了资源的利用效率，还降低了生产成本，增强了市场竞争力。

  针对这一产业融合的趋势，我们可以分析几个关键点。首先，产业相互融合有助于资源的优化配置。通过将粗饲料和精饲料的加工与肉牛养殖相结合，不仅能提高饲料的营养价值，还能更好地利用本地的农作物资源，降低了物流成本，实现了"就地加工、就地消费"。这种模式为农民提供了稳定的饲料供应，确保了肉牛养殖的持续发展。

  其次，推动加工业与养殖业的融合，能够为农民提供更多的就业机会和收入来源。在压片厂和精饲料加工项目的建设过程中，不仅需要大量的劳动力进行生产和管理，还能带动相关产业的发展，比如运输、销售和技术服务等，从而形成一个多元化的就业市场，增强农民的经济独立性。

  此外，陶利嘎查还积极与长庆油田等大型驻地企业进行沟通对接，谋求在嘎查集体经济项目建设与企业需求订单方面的突破。这种"工业反哺农业、二产拉动一产"的模式，不仅可以为陶利嘎查带来资金和技术支持，还能推动更为广泛的产业合作。例如，通过与油田企业的合作，陶利嘎查可以获得稳定的市场需求，为肉牛养殖提供持续的订单保障，从而降低市场波动带来的风险。

总的来看，陶利嘎查在肉牛养殖产业发展过程中，通过强化产业之间的融合，积极推进粗饲料和精饲料的加工，致力于打造一个全方位、多层次的肉牛养殖产业链。这一举措不仅有效提高了养殖效益，降低了成本，更为地方经济的可持续发展注入了新活力。在未来的实践中，陶利嘎查还需继续探索产业融合的新模式，推动科技创新与市场需求的对接，确保在乡村振兴的道路上不断前行，真正实现农业、农村、农民的全面发展。通过这一系列措施，陶利嘎查有望成为西部地区肉牛养殖的标杆和示范，进一步推动区域经济的转型升级。

(三) 停车服务区

陶利嘎查凭借其独特的地理优势，积极抓住蒙华、陶鄂、新恩陶三条铁路的交通便利，致力于建设乡村振兴产业融合发展综合服务区。这一项目总投资达到1019.59万元，规划用地面积为1.1万平方米，其中标准化服务用房4000平方米，涵盖了餐饮、住宿、超市、修理及化肥种子销售等多种配套服务。这一综合服务区的建设，不仅为当地居民提供了便捷的服务，也为乡村经济发展注入了新的活力。

陶利嘎查位于陕西、宁夏的交界处，拥有得天独厚的交通条件。蒙华、陶鄂、新恩陶三条铁路的穿境而过，使得陶利嘎查成为重要的交通枢纽。这种区位优势使得陶利嘎查在农畜产品的运输、销售及物流配送上具有显著的便利性。通过铁路网络，农畜产品可以迅速进入更广阔的市场，拓展销售渠道。这不仅降低了运输成本，还提升了产品的市场竞争力，为农民增收提供了保障。

陶利嘎查乡村振兴产业融合发展综合服务区的建设，旨在为当地居民和游客提供一站式的服务体验。服务区不仅设有餐饮和住宿设施，还包括超市、修理店及化肥种子销售点。这种多功能的服务区能够满足不同人群的需求，提升了地区的整体服务水平。特别是在餐饮和住宿方面，服务区提供的高品质服务能够吸引更多游客前来观光和体验，促进当地旅游业的发展。同时，综合服务区内的超市和化肥种子销售点为当地农民提供了便利的购物选择，降低了采购成本，提升了农业生产的效率。

服务区同步打造了高端草原肉牛、鄂尔多斯细毛羊、牧区奶食品等特色产品体验店，专注于本地特色农畜产品的推荐与销售。这不仅为消费者提供了高品质的本地产品选择，也为当地农民创造了新的增收渠道。通过特色产品体验店，陶利嘎查能够有效展示本地的农业优势，吸引消费者的注意力，提升品牌知名度。同时，体验店的运营能够带动当地农畜产品的生产和加工，促进产业链的延伸和发展。此外，特色产品的推广也有助于保护和传承地方传统农业文化，增强当地居民的文化自信。

根据规划，陶利嘎查综合服务区预计实现集体经济收入100万元。这一收益不仅为当地集体经济的发展提供了资金支持，也为乡村振兴的持续推进奠定了基础。通过集体经济的收益，陶利嘎查能够进一步投资于基础设施建设、公共服务提升和产业发展，形成良性循环。

从长远来看，陶利嘎查还需关注综合服务区的可持续发展。为确保服务区的经济效益，必须不断优化服务质量，提升顾客满意度。同时，通过市场调研和反馈，及时调整经营策略，满足市场需求的变化，确保服务区能够持续吸引顾客。

陶利嘎查乡村振兴产业融合发展综合服务区的建设是一个多赢的项目，充分发挥了地域优势，促进了农畜产品的销售，提升了服务水平，为当地经济发展注入了新活力。通过这一项目，陶利嘎查不仅能够实现经济增收，还能有效推动乡村振兴战略的实施，助力地方经济的全面发展。在未来的发展中，陶利嘎查还需不断探索创新，优化产业结构，推动更深层次的产业融合，确保乡村振兴的持续推进与经济的可持续发展。

二、集体经济的多维功能

农牧区集体经济作为乡村经济的重要组成部分，发挥着多维度的积极作用。首先，它在提升农牧民收入方面具有显著效果。通过集体经济组织，农牧民可以更好地利用集体资源，实现规模化经营，从而获得更高的经济回报。此外，集体经济还创造了更多的就业机会，使得村民能够在本地就业，减少了外出打工的压力。

其次，集体经济在医疗健康领域的作用也不容忽视。许多集体经济组织通过聚集资金，建设村级医疗卫生机构，提升了医疗服务的可及性和质量，让农牧民在家门口就能享受到基本的医疗保障。在教育发展方面，集体经济也发挥了积极作用。

最后，在社会治理方面，集体经济加强了社区的凝聚力，促进了村民之间的合作与互助，为乡村的和谐发展提供了坚实的基础。通过集体经济，农牧区不仅实现了经济的增长，更促进了社会的全面进步。

（一）集体经济壮大可以提高农牧民收入

集体经济在农牧区的快速发展，得益于其能够有效整合社区资源，提升资源利用效率，推动地方经济的可持续发展。具体来说，在农牧区，集体经济通过整合土地、劳动力、资金等关键要素，实现了资源的优化配置，带动了整体经济的增长。

以陶利嘎查为例，该村集体经济利用村集体拥有的2000亩草场，计划打造生态旅游基地。这一项目不仅是集体经济发展的重要举措，更是对村内资源的创新利用。首先，2000亩的草场为生态旅游提供了丰富的自然资源，能够吸引游客前来观光、休闲。这种旅游模式不仅能够提升当地的知名度，还能够为村民带来稳定的经济收入。

在具体实施过程中，陶利嘎查通过集体经济组织，整合了村内的劳动力资源。许多年轻农民参与到生态旅游的开发和管理中，既增加了他们的就业机会，又让他们能够在家门口实现增收。此外，集体经济组织还会邀请专业人士进行技术指导，帮助村民掌握生态旅游的运营模式和管理技能，提高服务质量和游客满意度。

资金是推动项目实施的另一个关键要素。在陶利嘎查，集体经济通过与政府、金融机构的合作，获得了项目启动所需的资金支持。例如，地方政府可能给予一定的财政补贴，或者通过低息贷款的方式，为生态旅游项目提供资金保障。这种资金的有效利用，能够降低项目建设的风险，提高投资回报率。

其次，生态旅游的发展不仅能够直接拉动村内经济，还能促进相关产业的联动发展。随着游客的增加，村内的餐饮、住宿、手工艺品等相关产业也将得到提升，形成良性循环。这种资源整合的效果，不仅体现在经济收益上，更在于提升了农民的整体生活水平和幸福感。

最后，生态旅游基地的建设还将推动陶利嘎查的生态环境保护。通过将草场打造成旅游景点，村民将更加重视生态保护，积极参与环境治理，从而实现经济发展与生态保护的双赢局面。

陶利嘎查利用集体经济整合资源，打造生态旅游基地的成功案例，充分展示了集体经济在农牧区的多维功能。通过有效整合土地、劳动力和资金等资源，集体经济不仅促进了经济发展，还提升了社区的凝聚力和乡村的可持续发展能力。未来，陶利嘎查的这一探索或将为其他农牧区提供宝贵的经验，推动更广泛的资源整合与经济发展。

（二）集体经济壮大能够为农牧民医疗健康提供保障

自 2025 年起，陶利嘎查将正式启动一项重要政策，以村集体收入为基础，为全体农牧民缴纳医疗保险，旨在为嘎查的农牧民提供全面的医疗保障。这一政策的实施，充分体现了嘎查对农牧民健康的高度重视和社会责任感。近年来，随着农村经济的逐步发展，陶利嘎查在农牧业、旅游业等多方面取得了显著的经济增长，村集体收入不断增加。为了更好地利用这部分收入，嘎查决定将其用于农牧民的医疗保障，以解决农牧民在医疗方面面临的诸多挑战。

众所周知，农牧民在日常生活中常常面临医疗费用高昂的问题，这不仅影响了他们的健康状况，也对家庭经济带来了沉重的压力。许多农牧民由于缺乏足够的医疗保险，往往在生病时选择不去医院，导致小病拖成大病，严重影响了他们的生产和生活。为了改变这一现状，陶利嘎查的政策将确保每位农牧民都能享受到基础的医疗保障，减轻因病致贫的风险，让他们在生病时可以安心就医，无需过多担心医药费用的负担。

具体而言，嘎查将利用集体经济收入，为每位农牧民缴纳医疗保险费用。这意味着，农牧民在享受医疗服务时，能够获得相应的报销，包括门诊、住院等多种医疗项目。这一举措不仅提升了农牧民的医疗保障水平，也极大增强了他们的幸福感和安全感。此外，嘎查还计划通过举办健康知识讲座、组织定期体检等方式，提高农牧民对健康的重视，倡导健康生活方式，让大家在享受医疗保障的同时，也能积极预防疾病。

在政策实施的过程中，嘎查还将加强与当地医疗机构的合作，确保医疗服务的质量和可及性。通过建立完善的医疗服务网络，农牧民在需要时能够快速获得医疗帮助，避免因交通不便等因素耽误治疗时机。与此同时，嘎查将设立专项基金，以应对突发公共卫生事件或特殊疾病的医疗需求，确保每位农牧民在紧急情况下都能得到及时的救助和支持。

这一政策的推行，不仅是对农牧民生活质量的提升，更是推动陶利嘎查乡村振兴的重要举措。通过构建健康保障体系，嘎查将激励更多农牧民投身于农业生产，提高生产积极性，进而推动整体经济的发展。更重要的是，健康的农牧民是实现可持续发展的基础，只有大家都能享受到良好的医疗保障，才能更好地参与到乡村建设中，促进整个嘎查的繁荣与和谐。

陶利嘎查用村集体收入为全体农牧民缴纳医疗保险的政策，不仅为农牧民提供了切实有效的医疗保障，也彰显了嘎查对农民生活的关怀与责任。这一创新举措将为陶利嘎查的未来发展注入新的活力，推动健康、幸福的生活方式，助力乡村振兴的实现。

（三）集体经济壮大能够为农牧民教育提供助力

近年来，陶利嘎查决定利用村集体收入，对考上大学的学生一次性发放2000元助学金，这一举措充分体现了嘎查对教育的高度重视和对青年学生成长的关心。随着国家对教育的不断重视和农村经济的逐步发展，陶利嘎查也意识到教育是提升农牧民家庭整体素质和推动乡村振兴的重要途径。在过去的几年里，嘎查通过发展集体经济，积累了一定的经济基础，决定将部分集体收入用于支持优秀学生的教育，让更多孩子能够顺利进入高等学府，实现他们的求学梦想。这笔助学金不仅能够缓解家庭经济对学生教育的压力，更在精神上给予学生极大的鼓励，激励他们在学业上不断进取。

在陶利嘎查，许多家庭的经济条件相对有限，尤其是农村家庭，孩子们考上大学的机会往往受到经济因素的制约。为了改变这一现状，嘎查通过助学金的方式，帮助考上大学的学生解决学费、生活费等一系列问题，让他们在求学的道路上少一些后顾之忧。这一政策的实施，充分展现了嘎查对教育公平的追求，体现了集体经济对农牧民教育的积极助力，尤其是在激励学生努力学习、追求进步方面，起到了极为重要的作用。

此外，助学金的发放不仅是对个人的支持，也传递了整个嘎查对知识和教育的重视。通过这样的方式,嘎查希望能够在全村范围内树立起尊重知识、崇尚教育的良好氛围,激励更多家庭重视对孩子教育的投资,推动整个社会的文化进步和经济发展。嘎查领导表示,教育是改变命运的重要途径,只有通过不断学习和提升,才能让年轻一代更好地适应未来的社会,成为推动乡村发展的中坚力量。

随着助学金政策的实施,嘎查还计划定期举办励志分享会,邀请已考入大学的学长学姐们与在校学生分享他们的学习经验和人生感悟,帮助年轻人树立目标,增强自信心。这种互动不仅可以加深学生之间的交流,也能够让更多的孩子看到教育所带来的希望与可能性。同时,嘎查还将与当地学校合作,开展各种形式的教育活动,促进知识的传播和学习的普及,确保每个孩子都能在良好的环境中成长。

陶利嘎查利用村集体收入为考上大学的学生一次性发放2000元助学金,既是对学生个人的关怀,也是对整个嘎查教育事业的重视和支持。这一政策不仅将有效缓解农村家庭的经济压力,激励年轻一代追求更高的学业目标,还为推动农村教育的发展注入了新的动力。通过这样的集体经济助力,陶利嘎查展现出对未来的责任感和使命感,努力为每一位孩子创造更美好的成长环境,促进整个社区的繁荣与和谐,迈向更加光明的未来。

三、发展集体经济路径选择

集体经济发展的路径选择是实现农村振兴、提升农牧民收入和促进社会和谐的重要策略。因此，选择正确的发展路径对于集体经济发展至关重要，需要考虑多重因素。

（一）加强基层党组织建设，发挥"领头雁"的作用

农村牧区基层党组织是党与群众之间的重要桥梁，是推动乡村振兴战略落实的关键力量。在这一背景下，陶利嘎查积极探索与周边嘎查村联合，成立党建联合体，形成了强大的组织合力。通过定期开展学习培训、座谈交流及外出观摩，嘎查村"两委"和监委班子成员不仅增强了彼此之间的沟通与协作，还共同探讨和完善发展思路，积极融入全苏木"一盘棋"的发展大局。这种"连片带动、整体推进"的区域化发展模式，使得各嘎查村能够相互借鉴、优势互补，形成了协同发展的良好局面。

为了充分发挥基层党组织的战斗堡垒作用，陶利嘎查紧紧围绕"产业抓党建、抓好党建强产业"的总体思路，提出了"把党组织建在产业链上、把党员聚在产业链上、让农牧民富在产业链上"的发展理念。通过这种创新模式，党组织的政治优势和组织优势得到了有效转化，进一步推动了嘎查村级集体经济的发展。随着这一理念的实施，嘎查村的"造血"能力不断增强，形成了以政府搭建平台、企业发挥主导、农牧民共享收益的生动局面。在这一过程中，党员们积极参与到产业发展中，不仅提升了自身的组织能力，也增强了农村经济发展的动力和活力。通过建设产业链，嘎查村的农牧民不仅实现了经济收益的提升，还增强了对党组织的认同感和归属感，形成了良好的社会氛围和凝聚力。这一系列措施的实施，使得陶利嘎查在推

动乡村振兴战略的过程中走出了独具特色的发展路径，真正实现了经济与党建的深度融合，为其他农村地区提供了可借鉴的经验与示范。

（二）聚集多方力量，合力乡村振兴

在推进乡村振兴的进程中，陶利嘎查积极寻求驻地企业的支持，力求通过多方合作，实现资源的整合与优化，推动乡村振兴战略的深入实施。在这一过程中，嘎查充分利用周边的苏里格气田、长庆油田和路桥公司等驻地企业的技术、资金与人才优势，通过建立合作机制，形成了政府、企业与农牧民之间的紧密联系。这一合作不仅为嘎查的产业发展注入了新的活力，也为当地农牧民创造了更多的就业机会和增收渠道，使得乡村振兴的基础更加坚实。

在具体实施中，嘎查通过组织企业与农牧民的交流座谈，了解市场需求与技术要求，推动农牧民与企业之间的对接与合作。苏里格气田和长庆油田作为重要的能源企业，积极参与到嘎查的产业发展中，帮助当地农牧民进行技术培训，提升他们的生产技能和管理水平。同时，路桥公司则通过基础设施建设，为嘎查的交通运输提供了保障，极大地方便了农产品的销售和流通。这种多方力量的汇聚，使得嘎查在资源利用、技术推广和市场开拓等方面都取得了显著成效，实现了资源的有效配置与优化利用。

此外，为了确保乡村振兴的可持续发展，嘎查还积极探索多元化的融资渠道，推动企业与农牧民的利益共享机制。通过建立合作社和产业联盟，嘎查将企业的资金与农民的土地资源有效结合，形成了"企业+合作社+农民"的发展模式。这样的模式不仅增强了农民的参与感与获得感，还提升了嘎查整体的经济实力与抗风险能力。通过聚集多方力量，陶利嘎查在推进乡村振兴的过程中，不仅提高了农民的生活水平，也为实现经济发展、生态保护与社会和谐的有机统一打下了坚实基础。

第四章　创新交融：日常生活文化的变迁

陶利嘎查的习俗文化变迁经历了从单一村落到多元文化共存的过程。在20世纪20年代之前，村落以游牧文化为主，随着农耕文化的传播，居民的日常生活发生了显著变化。最初，农耕文化的引入引发了一些抵触，但逐渐形成了相互接受和交流的状态，最终实现了和谐共处。在这一变迁过程中，文化之间的潜移默化影响发挥了重要作用。语言文字的互通促进了居民之间的沟通与理解，生活习俗的融合为和谐相处奠定了物质基础，而岁时节日的互鉴则让居民找到了共同的爱好与庆祝方式。信仰习俗的相互包容为各自特色文化提供了良好的生存与发展空间。这些因素共同推动了陶利嘎查习俗文化的变迁与发展，形成了你中有我、我中有你的和谐状态。

第一节　饮食文化的多样化

俗话说"民以食为天"，饮食文化作为文化的重要组成部分，深刻反映了一个地区的生存历史、环境和人们的生活方式。在陶利嘎查，随着经济社会的不断发展和不同文化的交融，当地的饮食文化呈现出丰富的多样性。这里的居民充分依托丰富的自然资源，创造出独具特色的饮食习惯。

在传统饮食中，肉类和乳制品曾是人们餐桌上的主角，肉类被称为红食，乳制品则被称为白食。这些食物不仅是日常营养的主要来源，也承载着深厚的文化意义和历史传承。人们通过对这些传统食材的加工和烹饪，不仅满足了生理需求，更通过共餐的形式增强了家庭和社区的凝聚力。每一道传统美食背后，都蕴含着独特的故事与情感，体现了对土地和生活的热爱。

然而，随着社会的变迁和经济的发展，传统的饮食习惯也在不断演变。不同文化的交融，使得当地饮食习俗愈加丰富，许多新型食物逐渐受到欢迎。例如，传统的奶制品与现代的健康饮食理念结合，形成了多种新颖的乳制品，这些新产品既保留了传统的风味，又满足了现代人对健康的需求。人们越来越重视营养搭配和食品的健康性，传统食材在此背景下焕发出新的生机。

此外，随着外来文化的引入，新的食材和烹饪方式也不断融入当地的饮食中。这种融合不仅丰富了人们的餐桌选择，也让饮食文化变得更加多元化。诸如新鲜的蔬菜、海鲜和国际风味的菜肴，逐渐被当地居民所接受和喜爱，形成了丰富的美食生态。餐饮业的发展以及外部交流的增加，更是推动了这种多样化趋势的加速。

总的来说，陶利嘎查的饮食文化在传统与现代的交织中，不断演变和丰富。人们在享受美食的同时，也在探索和创造新的饮食体验。这种变化不仅反映了经济的进步和生活方式的转变，也彰显了人们对美好生活的追求和对饮食文化传承的重视。通过这种文化的交融与创新，陶利嘎查的饮食文化在保持其独特性的同时，展现出更多可能性和活力。

在陶利嘎查，居民们在日常生活中共享美食，互相学习，各家各户的菜肴融汇了多种风味，形成了独特的地方风味。例如，一些传统的蒙古奶茶与新式的果汁饮品结合，成为受欢迎的饮品。这种饮食文化的多样性，不仅体现了当地人对食材的智慧运用，也反映了人们对生活品质的追求。随着旅游业的发展，越来越多的游客来到这里，品尝地方美食，进一步促进了当地饮食文化的传播与发展。陶利嘎查的饮食文化在不断地交流与融合中展现出丰富的多样性，成为当地居民生活的重要组成部分。人们在享受美食的同时，也在潜移默化中加深了对彼此文化的理解与认同。这种饮食文化的交流与融合，不仅增强了居民之间的联系，也为当地的社会和谐与发展注入了新的活力。

一、饮食互鉴：奶豆腐

奶豆腐是奶酪类中的一种，蒙语称为"呼如德"，汉语俗称"奶豆腐"，实际上是加入了浓厚的农耕文化的味道。奶豆腐不仅在称谓上与豆腐相似，在做法上更是惊人的相似。奶豆腐是用提取稀奶油后的稠酸奶做的，把稠酸奶煮开，把乳清从锅里舀出，接着把剩下的固体在热锅里反复用勺背搅揉，直到凝固成一体为止，最后装进奶豆腐模型晾干即可。[1] 豆腐的做法则是将豆类磨制成糊状，然后用分离器将豆渣和豆奶分离，将豆奶煮沸成豆浆，将豆浆倒入酸浆缸，按照一定比例注入酸浆，并不停地搅匀，使之形成固体的豆腐脑，最后将豆腐脑倒入豆腐模型中，重力压制成型即可。

随着经济社会的快速发展，奶豆腐不再是特定群体的独享美食，而是逐渐走入了全国各地人民的餐桌，成为一种备受喜爱的食品。在陶利当地，除了蒙古族居民会制作奶豆腐，当地定居的汉族居民也同样掌握了这种独特食品的制作技艺。这一现象不仅反映了奶豆腐作为一种美食的普及，也体现了不同文化之间的交流与融合。

奶豆腐的制作过程本身就蕴含着丰富的文化内涵和技术传承。随着人们对健康饮食的重视，奶豆腐凭借其独特的口感和营养价值，吸引了越来越多的年轻人和家庭尝试制作和享用。无论是在传统的家庭聚餐还是现代的餐饮场所，奶豆腐都成为一道广受欢迎的菜品，展现了其在多元饮食文化中的重要地位。

当地的居民在制作奶豆腐时，结合了各自的饮食习惯和烹饪技巧，使得每个家庭的奶豆腐都有其独特的风味。例如，汉族居民可能会添加一些地方特色的调味料或配菜，使得奶豆腐更加丰富多样。这种相互借鉴和创新的过程，不仅提升了奶豆腐的制作水平，也促进了社区内不同背景居民之间的互动与

---

[1] 参见巴·布和朝鲁编著：《蒙古包文化》，内蒙古人民出版社2003年版，第55页。

交流。

此外，奶豆腐的广泛流行还推动了相关产业的发展，吸引了更多的商家进入这一市场，形成了完整的供应链。无论是传统手工制作的小作坊，还是现代化的生产企业，都在不断探索奶豆腐的新口味和新食用方式，满足消费者的多样化需求。通过这些努力，奶豆腐不仅成为一种美食，更成为连接不同文化和生活方式的桥梁。

总之，奶豆腐的普及与发展是社会变迁的一个缩影，它体现了美食在现代生活中的重要性，以及各文化间的相互影响与融合。随着时间的推移，奶豆腐将继续在全国各地的餐桌上占有一席之地，成为人们生活中不可或缺的一部分。奶豆腐的制作方法因家庭和地域的不同而各具特色。蒙古族牧民通常以鲜奶为主要原料，采用传统的手工制作方式，保持了奶豆腐的原汁原味。而一些汉族家庭则可能根据自己的口味和习惯，加入不同的调料或配料，制作出风味独特的奶豆腐。这种多样化的制作方法使得奶豆腐的口味各异，满足了不同人的需求。

奶豆腐和豆腐在营养价值上都有着极高的评价。奶豆腐是通过对鲜奶的凝缩而成的结晶，制作过程中大约需要五公斤的鲜奶才能做出一公斤的奶豆腐，这使得奶豆腐的食用价值相当高。它富含蛋白质、钙和多种营养成分，既可以作为主食，也可以作为配菜，营养丰富，适合各个年龄段的人群。豆腐同样含有丰富的蛋白质，是一种健康的植物性食物，广受欢迎。

从奶豆腐的名称可以看出，游牧饮食文化与农耕饮食文化的交往与交融在各个方面都得到了体现。蒙古族干部 BTBYE

提到，奶豆腐这个名称是蒙古族在学习汉族豆腐的过程中逐渐形成的。这不仅仅是一个名称的变化，更是两种文化碰撞后所产生的新的饮食习惯和理念。这种文化的交融使得各族人民在饮食上有了更多的选择，也促进了不同文化间的理解与尊重。

随着人们对健康饮食的重视，奶豆腐已经被越来越多的人所接受和喜爱。它不仅在地方市场上逐渐流行，甚至在一些大型超市和餐饮企业中也开始出现，成为一种新兴的健康食品。通过奶豆腐的推广和传播，各族人民的饮食文化得以更深入的交流与融合，增进了人们之间的理解与友谊。

总之，奶豆腐不仅是一种美味的食品，更是一种文化的象征。它体现了不同民族之间的相互学习与借鉴，也反映了现代社会中人们对传统饮食文化的重新认识与重视。在未来的发展中，奶豆腐必将继续在全国各族人民的餐桌上占有一席之地，成为连接各民族文化的重要纽带。

二、饮食互通：广受欢迎的砖茶

砖茶顾名思义是就其形状而言的，运用特殊技术将茶叶压制成方砖型的茶块，砖茶是以优质黑毛茶晒青为原料。砖茶滋味醇厚、香气纯正、功能多样，能够促进调节人体新陈代谢，帮助消化。由于我国西北和北方边疆民族主要以牛羊肉和奶食品为主，受地理和气候影响，蔬菜比较稀缺，砖茶不仅可以消食解腻亦可以补充人体所需要的维生素，因此在我国内蒙古、新疆、西藏、宁夏、甘肃等民族地区有"宁可三日无粮，不可一日无茶"的说法，在西北和北方一些边疆民族把砖茶与奶、肉并列，成为西北各族人民的生活必需品。在陶利嘎查当地，不论是蒙古族还是汉族，喝茶是一个永不过时的话题，亲朋好友到访，第一件事就是接受主人倒上的一碗热茶。虽然现在市场化程度越来越高，人们在商店能买到的茶的种类也越来越多，但是砖茶在蒙古族人民生活中占据着重要的地位，所以砖茶也被热情大方的蒙古族人民赋予特殊的使命，他们会选择茶作为礼物送给自己的朋友来表达自己的祝福。在乌审旗部分地区蒙汉民族之间送茶是一种风尚，也是蒙汉民族交流交往交融的表现形式，同时也架起了蒙汉民族友谊的桥梁。关于砖茶送礼对于生活在乌审旗的 ZL 来说并不陌生，第一次见到砖茶礼物时感觉独特。

送礼习俗在节庆典礼上常常表现得尤为明显，这种独特的文化传统在笔者第一次参加朋友家的庆典时，给笔者留下了深刻的印象。那天，当庆典活动正式开始时，笔者的朋友的邻居走了过来，手中提着两块砖茶，脸上挂着热情的笑容，显得格外喜庆。这种热情的举动瞬间让整个庆祝氛围更加融洽。在这两块砖茶之间，他还夹着 200 元钱的礼金，显然是想表达对庆典的祝贺和对主人的美好祝福。砖茶作为一种独特的饮品，不仅具有悠久的历史，也在人们的日常生活中占据着重要的位置。邻居的礼物不仅仅是物质上的馈赠，更蕴含着对主人家庭的关心与祝福，代表着邻里之间的和谐与友好。

在这样的场合，送礼不仅是一种社交礼仪，更是传递情感和祝福的重要方式。每个人都在用自己的方式参与到这场庆典中，分享着快乐与祝福。这样的传统让人感受到浓厚的人情味，也让庆典活动变得更加温馨和有意义。

通过这次庆典，笔者深刻体会到送礼习俗在生活中的重要性，看到人们如何通过简单的礼物来传达祝福与关怀。这种文化的传承和发展，不仅增强了社区的凝聚力，也让每一次庆祝都充满了温暖与欢乐。对笔者这个外地人来说，送砖茶的习俗令人好奇。朋友对此也只能略微解释，认为这可能与蒙古族对茶的重视有关。在蒙古族的文化中，茶不仅是一种日常饮品，更是待客的礼仪象征。砖茶的送出，传递着一种心意，意味着送礼者对受礼者的关心与祝福。也许在他们看来，茶代表着温暖和亲情，而夹在茶之间的现金则是对未来的美好祝愿，象征着富足与顺利。

这一幕让笔者深刻感受到，礼物的选择不仅仅是物质的堆砌，更是一种情感的表达。朋友的邻居通过这样的方式，传递着他对朋友家庭的祝福，既体现了对传统文化的尊重，也展现了人与人之间的深厚情谊。在蒙古族的文化中，送礼不仅是一种礼仪，更是一种促进人际关系、增强社区凝聚力的重要方式。通过这次庆典，笔者不仅领略到了蒙古族的风土人情，也更加理解了他们对于待客之道的重视。这种独特的送礼方式，深深触动了笔者，让笔者意识到，文化的多样性正是人类社会的宝贵财富。

第二节 "长短并存"：服饰文化的变迁

服饰是一个族群文化的重要标识。长袍皮靴是蒙古族传统服饰的鲜明特征，这是为了适应草原的生态环境而产生的，是与蒙古族传统的生产生活相适应的。任何服饰都具有其民族性，是民族文化的载体，风格不同的民族服饰也被看做是不同民族的象征，甚至当作是某种意义上的"族徽"，体现着不同民族的文化素养和审美特征。[1] 在人类社会的发展过程中，不同的民族因为不同的社会环境和自然环境形成了不同风格的服饰文化。随着社会的发展，各民族的服饰都发生了很大的变化，陶利嘎查的民族服饰最显著的变化就是蒙古族传统服饰越来越少见，蒙古族人穿衣习俗逐步被现代化，如果只从平时生活中的服饰很难将蒙汉民族区分开。

一、日常生活中的服饰

陶利嘎查自从新中国成立，到改革开放四十多年以来，人们日常生活服饰发生了极大的变化，在日常生活中不再穿传统的民族服饰，而逐渐被现代服饰所取代。导致发生这种变化的因素有很多，最显著的因素有两点：一是，生产方式的变化，正如很多学者在研究民族服饰形成的原因时都会提到是为了适应本民族的生产生活而产生的，同样如此，蒙古族服饰逐渐被现代服饰所取代，是因为其生产生活方式发生了极大的变化。蒙古族长袍马靴是在有游牧生活中，为了抵御寒冷适应自然环境而产生。但是，自从20世纪二三十年代，汉族逐渐进入蒙地，带来了耕种技术，开垦荒地，种植经济在当地占了重要地

---

[1] 参见王军云编著：《中国民居与民俗》，中国华侨出版社2007年版，第118页。

位，而且随着时代的发展，以游牧为生的牧民逐渐转转向了半农半牧的生产方式，现代交通工具慢慢进入了草原，马不再是唯一的交通工具，所以长袍马靴的价值由适应自然环境慢慢转变成了民族服饰的标志；二是市场经济的快速发展并没有使任何一个民族、一个地区成为"孤岛"。陶利嘎查同样如此，随处可见的现代商品出现在陶利嘎查，并且随之形成了集市。外来商贩带来的便宜、便捷、艳丽漂亮的服饰吸引着陶利嘎查的蒙汉各族人民，在一定程度上促进了蒙古族服饰向汉族服饰靠拢和融合。ATGBW 讲述服饰的变化。

现在我们都不穿蒙古袍子了，主要是因为以前我们常常骑马放羊，穿长袍子能够很好地挡风防寒，适应当时的生活方式。然而，随着社会的不断发展，人们的生活方式也发生了巨大的变化。现在很多人都开车了，不再像以前那样频繁骑马，长袍子的穿着反倒显得有些不方便，尤其是在日常生活中。

如今，穿蒙古袍的场合越来越少，只有在一些特别的节日和祭祀仪式上，才会看到人们穿上这一传统服饰。比如，在农历新年或者传统节日的时候，穿上蒙古袍不仅是对传统文化的尊重，也是对祖辈生活方式的一种怀念。尽管如此，这些年拜年的时候，穿袍子的机会逐渐减少了，更多的人选择了便于活动的现代服装。（被访谈人：ATGBW，男，蒙古族，访谈时间：2020 年 8 月 7 日）

由于生产生活方式的变迁，人们的服饰习俗也在不断发展和变化。在这一过程中，传统的长袍逐渐演变为更加简短的款式，今日的长袍已经不仅仅是一种日常穿着，更成为一种文化符号，象征着特定的历史和文化遗产，其文化价值远远大于实用价值。这种转变反映了社会与时代的变迁，传统服饰在某种程度上开始向象征性和仪式性迈进，而不再是人们日常生活的必需品。

此外，随着商品经济的快速发展，越来越多的现代化服饰逐渐进入了人们的生活之中。这些现代服饰不仅设计多样、款式新颖，而且在价格上也相对便宜，因而更能够满足日常生活中的需求。这种转变使得现代化服饰在功能性和时尚感上更能适应人们的生产生活方式的变迁。

现代化服饰的普及，不仅方便了人们的生活，也提高了穿着的舒适度和灵活性。在农牧民的日常生产和生活中，便捷的现代服饰能够让他们更加自如地进行各种活动，适应不断变化的气候和环境。同时，现代化的服饰也在一定程度上促进了个人表达与个性化的实现，使得人们在选择服装时能够更好地体现自我风格。

这种服饰的变迁不仅是物质层面的变化，更是文化认同和社会价值观的反映。传统与现代的交融使得服饰习惯呈现出多样化的特点，成为人们生活方式和社会身份的一部分。在这个过程中，尽管传统服饰的使用频率有所降低，但它们依然在特定场合中承载着深厚的文化内涵，展示着人们对传统的尊重与传承。

总之，随着社会的发展和生活方式的变化，服饰习俗在不断演进。现代化服饰的涌入不仅丰富了人们的选择，也推动了传统文化的再认识与再创造，彰显了时代的多元与包容。

这种变化反映了时代的变迁和生活方式的转变。现代生活节奏加快，大家更倾向于选择舒适和实用的衣着。虽然蒙古袍承载着丰富的文化内涵和历史记忆，但在日常生活中，穿着的便利性和舒适性往往成为更重要的考虑因素。尽管如此，蒙古袍作为一种独特的民族服饰，依然在他们的心中占据着重要的位置。它不仅代表了他们的身份，也承载着他们对传统文化的认同。

总的来说，蒙古袍的穿着频率减少了，但它的文化价值和历史意义依然存在。他们在日常生活中虽不常穿它，但每当穿上它的时候，依然能够感受到那份浓厚的乡情和文化归属感。这样的传统，虽然在形式上有所改变，但在精神上却依然在延续。

二、节日的盛装

陶利嘎查的农牧民在平日的劳作中，已经不再穿着传统的民族服饰，而是选择与其他地方的居民相似的现代服装。这种变化反映了社会经济的发展和生活方式的变迁，便于他们在日常生活中更有效地进行各项活动。不过，在特别的日子和重要的场合，许多人仍然会选择穿上传统的民族服饰，这不仅是对传统文化的尊重，也是对特殊时刻的重视。

例如，在结婚典礼、那达慕大会和敖包祭祀等重要仪式上，农牧民们常常会穿着精美的传统服饰。这些服饰通常具有鲜艳的色彩和独特的图案，象征着他们的文化传承和身份认同。在这样的场合中，穿着传统服饰不仅让人们感受到节日的氛围，也增强了社区成员之间的联系和归属感。

传统服饰在这些特殊场合中的使用，体现了对文化传统的延续和传承。在庆典中，人们通过穿着来表达对祖辈的敬意，以及对文化根源的认同。这不仅是对个人身份的肯定，也是对集体记忆的重视。在这些仪式上，服饰成为文化交流的重要载体，承载着历史、信仰和价值观。

因此，尽管日常生活中农牧民的服装选择经历了巨大的变化，但在特定的节庆和仪式中，传统服饰的回归，彰显了他们对传统的珍视和对生活多样性的理解。这一现象不仅反映了个体对于文化的认同，也体现了社区对于传统价值的传承和重视。

蒙古族的服饰主要是由服装、首饰和配饰组成。首先，服装方面，蒙古族男女老少都对蒙古袍十分青睐，蒙古袍又分为单袍、夹袍、棉袍和皮袍。其鲜明的特点是领子高，袖子长，两侧开衩，大襟右系扣，男式较肥大，穿时系腰带，女式紧身，系腰带。[1] 对于蒙古族男子来说，帽子是必不可少的，不同的季节有不同类型的帽子，春秋季戴礼帽、夏季戴圆顶帽、冬季戴皮帽，而且在陶利嘎查乃至乌审旗地区都认为"帽子是神圣不可侵犯"，不能随意佩戴别人的帽子，这种行为被视为不尊重别人的行为。其次，蒙古族的首饰是比较丰富的，男子的首饰主要有金银耳环（左耳戴一只）和戒指、手镯；姑娘主要是金银耳环、耳坠、戒指和手镯及项链；已婚妇女主要就是

---

〔1〕参见乌审旗地方志编纂委员会编：《乌审旗志》，内蒙古人民出版社2001年版，第901页。

头戴。最后,蒙古族最喜欢佩带各种绣花品,金银铜玉制品,以及佩戴蒙古刀。

在陶利嘎查,人们通常只有在重大节日和庆典时才会身穿具有民族特色的服饰。在察罕苏力德那达慕大会上,传统的民族服饰成为一道靓丽的风景线,吸引了众多目光。这一现象与近年来人们对传统文化的重视密切相关。随着社会的发展,人们逐渐认识到传统文化在维护身份认同和促进社区凝聚力中的重要性,因此,具有民族特色的服饰越来越成为节日庆典的首选。

在这样的节日里,陶利嘎查的居民不仅会穿上色彩鲜艳、设计独特的传统服装,还会在服饰中融入各种文化元素,展现出对传统的热爱与珍惜。这种服饰不仅仅是身体的装扮,更是文化传承和个人身份的象征。人们通过穿着传统服饰,表达对过去的尊重和对文化根源的认同,同时也增进了社区成员之间的联系,形成了一种独特的节日氛围。

此外,蒙古族的服饰在保持传统特色的同时,也在不断创新与发展。设计师们从周围的文化和其他民族的服饰中汲取灵感,融合新的颜色、款式和材料,创造出新的蒙古族服饰。这种创新不仅丰富了服饰的表现形式,也使得传统文化在现代社会中得以延续和发展。通过这种方式,传统与现代相结合,形成了一种新的文化表达,使得蒙古族服饰在保留传统韵味的同时,焕发出新的活力。

这种创新与传承的结合,体现了陶利嘎查人民对自身文化的认同和对未来的开放态度。他们在庆祝传统节日的同时,也在积极探索文化的多样性，使得民族服饰在时代的变迁中依然散发着独特的魅力。这不仅是对传统的尊重，更是对文化发展的积极追求，展现出陶利嘎查居民在保留传统文化的同时，勇于接受新思想和新风尚的精神。正如蒙古族牧民 MKBL 讲到"以前我们蒙古族的服饰以蓝色为主，后来慢慢地变成了红色，我想这可能是受汉族的影响吧。"[1] 当地人认为蒙古族现在的服饰吸收和融合了很多汉族服饰的元素。

第三节　岁时节日文化变迁

　　文化最独特的魅力在于其包容性，正是由于文化的包容性，我们才能看到多姿多彩的文化形态。在这个日益全球化的时代，不同文化的交汇与融合变得尤为重要。以游牧文化为主的蒙古族和以农耕文化为主的汉族，在彼此相遇之后，展现出了二者独特的文化魅力，形成了一个丰富而和谐的文化生态。

　　蒙古族的游牧文化强调与自然的紧密联系，体现了对土地和动物的尊重。他们的传统节日如那达慕，展现了骑马、摔跤和射箭等独特的民族风俗，充满了活力与激情。而汉族的农耕文化则注重节令与时令的变化，节庆如春节、中秋节等，更加强调家庭团聚与丰收的喜悦。这两种文化在陶利嘎查的交融，形成了独特的文化景观，使得当地的节日庆典更加丰富多彩。

　　在陶利嘎查，随着蒙古族与汉族的逐步融合，彼此的传统

---

〔1〕被访谈人：MKBL，男，蒙古族，访谈时间：2020 年 8 月，访谈地点：陶利嘎查家里。

节日也变得更加多元。例如，在农历新年期间，汉族居民会邀请蒙古族朋友一起庆祝，分享各自的美食与习俗。蒙古族的奶茶与汉族的饺子相互交织，成为节日餐桌上的特色佳肴。同时，蒙古族的那达慕也吸引了越来越多的汉族居民参与，大家共同享受传统的摔跤比赛和马术表演，形成一种友好的文化交流氛围。

通过这种互动，陶利嘎查的居民不仅在节日中感受到了文化的多样性，更在生活中培养了对彼此文化的理解与尊重。这种包容的文化氛围，不仅增强了不同民族之间的联系，也为当地的社会稳定和谐奠定了基础。文化的交融使得人们在共同的节庆中，体会到团结与共生的力量，展现了文化多样性所带来的独特魅力。这样的融合与包容，不仅丰富了陶利嘎查的文化内涵，也展现了一个多民族社会的美好愿景。

一、"二神相融"：灶神与火神结合

农历腊月二十三、二十四不论是对于蒙古族还是汉族而言都是一个极为特殊的日子，他们对腊月二十三有一个共同的称呼"祭灶"抑或是"过小年"。在历史上蒙古族对于腊月二十三、二十四还有一个名称叫"祭火节"。祭火的习俗在蒙古族各部落中甚是普遍，祭祀方法基本相同。关于祭火节不同的人有不同的认知，但基本大同小异，汉族人认为，腊月二十三是祭灶神的日子，其实在 T，不论是蒙古族人还是汉族人对"祭火"与"祭灶"并未作出明显的区分，用他们的话来说"火是在灶里生的，有灶就有火嘛"，所以在他们的观念里"祭灶"

与"祭火"是一样的。

虽然在人们心中"祭火"与"祭灶"是一样的，但是多数描写蒙古族文化的书籍记载中多为"祭火"。还需特别说明的一点是汉族一般都是在腊月二十三这一天举行祭祀仪式，而蒙古族则是按照各自部落的传承，有的部落是腊月二十三，有的部落是在腊月二十四。关于此还有一个传说：据传，成吉思汗有一次召集各部落举行誓师大会，有些部落路途较近在腊月二十三这天到了，还有的部落是在腊月二十四到达指定地点，因此各部落祭祀的日子有所不同，在陶利嘎查同样如此有的人是在腊月二十三举行祭祀仪式，有的是在腊月二十四举行。[1]

每当祭火节来临时，家家户户从早晨起来便进入紧张的准备工作，首先是从打扫卫生开始，收拾院落、清除积尘、洗涮灶具、清理灶灰，然后便是准备好祭灶所需要的干柴，这样准备工作才算基本完成。蒙古族人对祭火节的重视，与他们对火的认知密切不可分割，他们认为火是家族兴旺发达的象征，也是圣洁、干净的象征。它可以给一家人带来光明和温暖，它还用永恒的热情温暖着人间。[2]

关于选定腊月二十三、二十四这天祭火或者过小年，蒙古族和汉族的说法基本差不多。蒙古族人认为腊月二十三是火神向"上天"汇报人世间一年来好坏善恶情况的日子。火是人们日常生活中必不可少的物品，火每天都陪伴在人们的身边，所

---

[1] 被访谈人：BTBYE，男，38岁，蒙古族；访谈时间：2020年7月15日；访谈地点：乌审旗。

[2] 参见莎日娜，乌冉，巴图吉日嘎拉编著：《蒙古族民俗风情》，内蒙古人民出版社2003年版，第39页。

以火能看到人的全部行为，火神的心中有一本善、恶之账。每年的腊月二十三这一天，是火神将这本账向苍天汇报的日子，人们怕火神乱汇报，从而招致苍天的惩罚，所以在日常生活中特别忌讳激怒火神，也忌讳对火神不敬。而汉族人认为"灶神"是玉帝派来监督自己的神，而腊月二十三是灶神报告的日子。所以在这一天人们祭拜灶神，让他在向玉帝报告的时候多说好话，保佑自家来年平平安安、顺顺利利。不论是蒙古族的"火神"还是汉族的"灶神"，二者在蒙汉民族民众的生活中发挥的作用是一样的。

在腊月二十三日之前，蒙古族人就会挂出崭新的风马旗，包含着全家人对新的一年的美好期望。他们期望在新的一年全家人都能够意气风发、万事如意。这从祭火词中就可以体会得到。

祭火词：

> 九十九天神创造的火种，
> 也速该祖先打出的火苗，
> 圣主成吉思汗燃旺的火灶，
> 众蒙古部落承袭的遗产……
> 祈求火神保佑我们全家，
> 赐予健康、繁殖、财富和美好的前程！[1]

除此之外，蒙古族人习惯在过祭火节之前还清借来的东西，忌讳把债务带进新的一年里，在祭火节之后，也不会再去

---

[1] 巴·布和朝鲁：《蒙古包文化》，内蒙古人民出版社2003年版，第122页。

借贷钱财,没有还清的债务也只能在来年再还,祭火之后到春节结束前是不能要债的,也不会再去借款。关于这一习俗,左先生在谈到汉族人与蒙古族人过腊月二十三的区别时也提到了。Z先生讲述自己的经历。

> 我14岁就到蒙地了,那时候家里穷,吃不上饭。我就一个人到蒙地讨生活了,给蒙人(汉族人对蒙古族人的称呼)放羊、种地,凡是我能干的活,我都干,一直到我结婚了才不给蒙人打工了。我给蒙人打工最长的一家雇主现在就在T街上开门市做生意着了,我在他家待了8年,现在每年春节的时候,或者我跑车经过T的时候还会去拜访一下他。我在蒙人家的时候,每年的腊月二十三之前蒙人就把我工钱结清了,让我带着工钱回家过年,因为他们的习惯是"祭灶"之前就把能还的债、借来的东西还清了。如果"祭灶"之前还没给你结清,那你就只能等来年了。(Z先生,访谈时间2020年7月15日)

在陶利嘎查,蒙古族和汉族腊月二十三的习俗几乎没有什么区别,从叫法、内涵和祭祀仪式几乎都一样。第一,叫法相同。据记载,蒙古族大多数地区把腊月二十三叫做"祭火节",陶利民间称之为"祭灶",而汉族则称之为"祭灶神"。第二,内涵相同,蒙汉民族过腊月二十三都是因为在他们的观念里,他们都认为在腊月二十三这天灶神要上天汇报人间一年的善恶之举,所以为了不得罪灶神选择在这一天祭灶。第三,祭祀仪式相似。关于蒙古族人的祭祀仪式上文有所描述,就不再赘述,关于汉族的过节仪式,虽然不像蒙古族那样程序繁杂,但基本差不多。在陶利生活了多年的H先生,对腊月二十三是这样描述的。

  我觉得汉人和蒙人生活习惯都差不多，比如说腊月二十三，我们叫祭灶，蒙人也说祭灶。在这个节日里，我们都会准备丰盛的食物，向灶神表达谢意，祈求来年的平安与顺利。蒙人煮胸茬肉，我们也会煮，大家都喜欢这种传统的美味，体现了对美食的共同热爱。其实，无论是怎样的烹饪方式，大家的基本思路是类似的。

  他们怎么烧灶火，我们也是怎么烧的，这种方式在两种文化中几乎是一样的，都是注重火候和温度，以确保食物的美味。在日常生活中，汉族和蒙古族的许多生活习惯都相似，比如说在节庆时的习俗、家庭聚餐时的礼仪等，这些都反映了我们共同的文化背景。要说有什么不一样的东西，一时半会儿还真是想不起来。当地人看来，这些细节并没有太大的区别，反而是我们共享的文化让彼此更为亲近。在共同的生活环境中，汉人和蒙人的交流与融合使得我们的生活习惯更加丰富而多样，大家在过节时的欢声笑语，充分展现了我们之间的友谊与和谐。这样的共性让我们的文化更加紧密相连。（H先生，男，51岁，汉族；访谈时间：2020年7月18日）

  从文献记载以及当地人的认知里，能够看出，"灶神"与"火神"在陶利嘎查农牧民的生产生活中已经被完美地融合在一起了，不论从祭祀仪式上，还是从仪式背后的文化内涵来看，蒙汉民族几乎没什么差别，这种民间信仰交融的现象反映了蒙汉民族在日常生活中的交往、交流、交融不断加强。

二、礼俗共融：春节的互动

春节这一中华民族传统节日对于蒙汉民族来说都是最隆重、最喜庆的节日，俗称"过年"。"'过年'是一个民俗文化时间的表述。'年'是蒙古族时间历程的重要节点，是区别于日常生活时间的特殊日子"[1]。在陶利嘎查，随着不同文化之间的交往不断加深，过春节的形式也逐渐趋同。无论是来自哪个文化背景的人们，都受到彼此文化的影响，逐渐融入了对方的传统元素，形成了新的、适合当地生产生活方式的过年习俗。

这种文化交融的现象不仅体现在节日习俗上，还体现在节庆活动的内容和形式上。人们在庆祝春节时，开始借鉴和吸收对方的庆祝方式，比如在节日的饮食上，双方的传统美食逐渐融合，形成了丰富多样的年夜饭菜单，既包含了传统的经典菜肴，又加入了新的风味和做法。此外，节日期间的娱乐活动也变得更加多元化，各种文艺表演、游戏和民俗活动交替进行，营造出热闹而欢乐的节日氛围。在这一过程中，社区的共同体意识得到了增强。人们在庆祝春节时，往往会邀请邻里朋友共同参与，彼此分享各自的习俗与传统，增进了相互之间的理解与感情。这种互动不仅使得传统习俗得以延续与创新，同时也促进了社区成员之间的交流与合作，形成了一个更加紧密的社会网络。

---

[1] 邢莉，邢旗著：《内蒙古区域游牧文化的变迁》，中国社会科学出版社2013年版，第579页。

随着经济的发展和生活方式的变化,陶利嘎查的春节庆祝活动还融入了一些现代元素,例如通过社交媒体分享节日的欢庆瞬间,或是参与当地组织的春节联欢活动,进一步丰富了节日的内涵。这种新旧交融的过年习俗不仅保留了地域特色,也反映了社会变迁与文化发展的动态过程,使得春节成为一个更具包容性与活力的节日。

第一,共同的称谓即过年。笔者在陶利嘎查田野调查期间,发现蒙汉民族都将春节称为"过年"。众所周知,"过大年"是汉族人对春节的俗称,但是受到了汉族文化影响的蒙古族也开始接受这一称谓。蒙古族人把春节叫作"察干萨日",现在人们将之翻译成"白月",称农历一月为"察干","萨日"意为白月。据记载,蒙古族历来崇尚白色,白色象征着圣洁、吉祥。"白月节"就是在游牧生产方式和宗教心理基础上产生的一种文化现象。13世纪下半叶,元世祖忽必烈用中原历法取代了蒙古历法,由此蒙古族就产生"白月节"即农历正月。[1] 现在,不论汉族还是蒙古族说起"春节"时人们可能还需要迟缓一下才能理解,说"过年"大家都很快理解。

第二,共同的文化寓意——生机与希望。在辽阔的大草原被冰雪覆盖,大地进入冬眠的时候,万里草原进入最冷清、最寂寞的时节。而春节的来临,给沉寂的大地带来了无限的生机和希望。俗话说"一日之计在于晨,一年之计在于春",且蒙古族人把除夕叫做"毕图"或"毕顿",是封闭、完整之意,

---

[1] 参见乌审旗地方志编纂委员会编:《乌审旗志》,内蒙古人民出版社2001年版,第90页。

除夕是一年的结束,那么春节就是年之始节了。[1] 春节象征着一年的开始,是生机和希望,人们欢庆春节,就是祈盼有一个好的开始。对于生活在陶利嘎查的蒙汉民族来说,沉寂了一个冬天,人们早已按捺不住躁动的心,在尽情的狂欢之后就要投入新一年的生产劳作中。庆祝春节,祈盼自己和家庭在新的一年能够收获更多,这是蒙汉民族心中共同的愿望。正如习近平总书记所说"对美好生活的向往是各族人民共同的奋斗目标"。

第三,共同的饮食结构在春节期间显得尤为重要。在陶利嘎查,居民们对待春节的态度都十分隆重。从祭灶仪式结束后,人们便开始忙碌起来,杀猪宰羊、磨面碾米,为春节的盛宴做准备。

首先,在除夕夜,经过祭祀仪式后,家庭团聚的氛围愈发浓厚。人们不仅享受着丰盛的年夜饭,还会在零点之后放鞭炮、点烟花,庆祝新年的来临。近年来,随着时代的发展,观看春节联欢晚会和亲朋好友的聚会也成为新的传统。在陶利嘎查,熬夜迎接新年是一种普遍的习惯,大家都相信除夕夜熬夜能够带来新一年的好运与清晰的头脑。其次,饮食习俗的融合在春节期间尤为明显。如今,传统的饺子,无论是何种文化背景的人,都以其独特的味道成为节日餐桌上的必备佳品。汉族人称之为"扁食",而这道美食在陶利嘎查的各族人民中都备受喜爱。此外,羊肉和牛肉等食材也成为了年夜饭的重要组成部分,汉族居民还主动学习制作风干肉的方法。这种风干肉不

---

[1] 参见莎日娜、乌冉、巴图吉日嘎拉编著:《蒙古族民俗风情》,内蒙古人民出版社 2003 年版,第 42 页。

仅口感独特，更是居民们一年中不可或缺的调味品。

在陶利嘎查，饮食不仅是满足口腹之欲的需求，更是加深了解与认同的桥梁。通过共同的饮食习惯，不同背景的人们在春节这个特殊的时刻凝聚在一起，创造了和谐的社区关系与文化共融。在这一年一度的庆祝活动中，食物成为连接彼此的重要纽带，使得各族人民在共享美味的同时，共同感受着节日的喜悦与温暖。

第四，共同的拜年习俗——团拜。在春节期间，走亲访友的传统习俗在各个群体中都得到了延续。过去，人们常常逐门逐户地探亲拜访，亲戚、朋友和邻居们相聚在一起，品尝美味佳肴，畅饮美酒，享受这一年一度的节日所带来的精神愉悦。

近年来，虽然春节的核心意义未发生改变，但拜年的形式却经历了显著的变化。传统的逐门逐户拜年逐渐转变为团拜的形式。团拜通常是指大家聚在一起进行拜年，或者每年在一家人中组织拜年活动。参与者们"轮流坐庄"，在互相拜年之后，便不再逐一进行拜访。此外，许多家庭选择由年轻人集资，在饭店预订一桌餐，大家一起聚餐。在这样的场合中，年轻人向长辈拜年，长辈则会给孙辈们发放压岁钱，增添了家庭温情与团圆的气氛。

这种变化反映了社会的发展与人们生活方式的简化，虽然形式上有所不同，但拜年的热情和对亲情的重视依然如故。团拜不仅让人们在繁忙的生活中找到了共同的庆祝方式，还加强了家庭和社区之间的联系，传递着浓厚的节日氛围与温暖的情感。LBN讲述过年团拜情况。

过去我们和蒙古族拜年都是要逐门逐户的拜呢，光是拜年都要走上好几天呢，现在不一样了，我们都是团拜，我们和周围的邻居都是轮着来，今年你家组织，明年我家组织，大家"轮流坐庄"，这样大家就省了不少事呢。我们这团拜的成员蒙汉民族都有，只要是亲戚朋友、邻居，平时来往的随礼的，都会组织团拜。（LBN，汉族，陶利嘎查农牧民，访谈时间：2020年8月26日）

第五，共同的消费结构。"过年"是一个特殊的日子，承载着丰富的社会和文化意义。在这个重要的时刻，人们对饮食和服饰的选择都非常讲究。由于该地区以畜牧业为主，饮食消费方面，肉类产品通常是自给自足，而蔬菜、水果和饮料则主要通过市场采购。

在服饰消费方面，过年期间，人们普遍会购买新衣服，许多人还会选购一些具有地方特色的传统服饰。衣食消费是过年消费结构中的重要组成部分。此外，礼物的消费同样不可忽视，过年送礼是传统文化的一部分。在进行田野调查时，笔者发现，礼物的交换在家庭开支中占据了相当重要的比例，送礼不仅是表达祝福和情谊的方式，也是维系人际关系的重要行为。

因此，在过年的消费结构方面，陶利嘎查的人们在饮食和礼物的选择上表现出了一致性，体现了共同的消费观念和文化习俗，显示出当地居民在庆祝这个特殊节日时的共同追求与价值观。无论是餐桌上的美味佳肴，还是精心挑选的礼物，都反映出人们对过年这一重要时刻的重视和期待。

第四节　人生仪式交汇

仪式是由传统习惯发展而来、为人们普遍接受并按某种规定程序进行的行为方式。仪式大体分为四种类型：模仿型、正面和反面型、祭祀型、生活转折型。[1] 生活转折型仪式，这类仪式通常被称为寿命礼仪，或称过渡礼仪。如出生、成人、结婚、怀孕和死亡等。每个人从出生来到人世间到死亡离开这个世界，都经历着大大小小不同的阶段，在一些特殊的阶段会举行一些特别的仪式，例如出生的满月酒、成家时的婚嫁仪式直到死亡时的丧葬仪式，这样的人生历程几乎是每一个个体所要经历的阶段。虽然生活在不同的地方的不同民族的都会有自己独特的庆祝仪式。但是，经过社会的不断发展变迁，不同的民族的生活空间发生了迁移，不同的民族生活在同一空间下，经过相互交流学习，在人生仪式的形式上互相产生了很大的影响，不同民族一方面保留了本民族的特色，另一方面又吸收融合了其他民族的特色，形成适应本地生态的独具一格的仪式文化。

一、婚嫁仪式

婚礼即结婚的礼俗。婚礼文化从古至今一直是中华传统文化的重要组成部分，也是个体人生中最重要的阶段，婚礼是一

---

[1] 参见张紫晨主编：《中外民俗学词典》，浙江人民出版社1991年版，第140页。

个人成家的象征。在我国古代把婚礼视为人生中最重要的礼仪，一般分为六个阶段，即纳采、问名、纳吉、纳征、请期、亲迎，其中纳吉和亲迎是订婚和结婚的两个重要阶段。婚礼不仅十分隆重，而且非常繁琐，充满了禁忌迷信色彩。随着科学文明的发展，我国婚礼逐渐向删繁就简、节俭办婚事的方向演变，虽然传统的旧俗仍有影响，但封建迷信的成分已被大部分剔除。[1] 婚嫁仪式作为文化的一种，不同地区、不同民族都根据自己的生产生活条件形成了独具特色的婚嫁仪式和体系，但是随着不同民族之间的交往交流，不同民族之间相互影响、相互渗透，在仪式文化上慢慢地形成了相同或相似的部分。

生活在陶利嘎查的蒙汉民族婚礼都十分隆重而热烈，既保留了各自民族的特色文化，又吸收了其他民族的文化要素。首先，蒙汉民族婚礼在流程上极其相似。不论是蒙古族还是汉族都有一整套的婚礼仪式，但是随着社会的发展和文化的交流，不少仪式都被简化甚至是去除，而保留下来的仪式具有很大的相似性，如娶亲队伍的人员构成、伴娘伴郎的加入、"压门"习俗的现代化等等都能在蒙汉民族的婚礼上找到相似的成分，只不过是可能有些习俗在叫法上有所不同；其次，服饰颜色上相同。蒙古族婚礼服饰虽然在款式上与汉族服饰有所不同，但是近年来随着社会的发展，蒙古族服饰款式也吸收了汉服的部分元素，而且在色彩也由蓝色变成了红色为主；最后，婚宴饮食习惯相同。H 先生讲述汉族婚礼习俗。

---

[1] 参见《中国方志大辞典》编辑委员会编：《中国方志大辞典》，浙江人民出版社 1988 年版，第 95–96 页。

现在我们这儿的蒙人和汉人结婚的习俗还是不太一样，但也相差不大，就是蒙古族人结婚的时候，服饰和头戴的不一样，如果蒙古族人娶了汉族女子的话，就会要求他们按照蒙人的习俗进行婚礼。村委会后面的那家蒙人，他儿子娶了一个汉族媳妇，婚礼就是在这办的，服饰头戴等一切都是按照这边的习俗办的。（H 先生，60 岁，汉族，访谈时间：2020 年 7 月 18 日）

以前我们蒙古族的在典礼上的服饰以蓝色为主，后来受汉族的影响慢慢的变成了红色，现在基本都是红色为主了，蓝色也有但很少见了，这个主要就是受汉人的影响的，他们来了之后，我们看人家结婚的时候都是穿着大红的衣服，很好看，而且寓意也好，所以我们蒙人结婚的时候也开始穿红色的衣服了。除了头饰稍微有些差别外，还有的就是仪式上可能有些不同，但是现在仪式都简化得厉害，其实大家都差不多，如果遇到蒙汉通婚的情况的话，那就大家商量着了，可能在你家就按照你家的习俗办，在我家就按照我们的习俗办。（MK，男，蒙古族，访谈时间：2020 年 8 月 29 日）

在陶利嘎查，无论是传统的婚宴还是现代的庆典，虽然服饰和仪式过程有所不同，但整体的庆祝氛围却显得十分相似，尤其是在饮食习俗方面几乎没有差别。婚礼上最明显的交往融合体现在饮食的共同发展上。在某些传统婚礼上，早期的饮食主要以肉类和乳制品为主，但随着时间的推移，逐渐融入了更多的地方特色菜肴。例如，在一些婚宴上，炒菜的出现使得菜品更加丰富多样，增添了不少新颖的口味选择。同时，传统饮食中出现了更具地方特色的菜肴,像是独特的奶制品、炒米和手把肉等,成为宴席的重要组成部分。如今的婚宴,无论是早上的早餐还是正餐,早晨的餐桌上常常以传统奶制品和肉类为主,而到了正餐则多以多样的炒菜为主,体现了不同饮食文化的融合与发展。这种饮食习俗的交汇,不仅丰富了婚宴的餐桌,也增进了人们之间的交流与理解,体现了更为和谐的社区生活。

二、丧葬仪式

丧葬礼俗,即人死后由亲属、邻里、好友等进行的殓殡祭奠的仪式。我国古代葬礼大都从周礼演变而来,形式由于地区、民族的不同而多种多样,主要有土葬、水葬、火葬、天葬及其他变异形式的"悬葬""洞穴葬"等。[1] 丧葬仪式与其他仪式相比,展现出较为多样的特征。不同地区和群体在其生存条件和生产方式的影响下,形成了独特的丧葬仪式。这些仪式不仅包括对故人的哀悼与纪念方式,还涉及葬礼的形式、丧期的规定以及相关的祭祀活动等,反映了各自的文化价值观和传统信仰。

然而,随着社会的变迁与发展,同一地区的不同群体的丧葬仪式逐渐受到其他群体传统的影响,进而形成新的、符合时代发展的丧葬仪式。这种影响体现在多个方面。例如,在某些地区,传统的丧葬方式可能会与现代化的处理方式相结合,出

---

[1] 参见《中国方志大辞典》编辑委员会编:《中国方志大辞典》,浙江人民出版社1988年版,第96页。

现了火葬与土葬的并存现象。同时，科技的进步也为丧葬仪式引入了新的元素，如在线悼念和数字纪念方式，进一步丰富了人们的表达方式。

此外，社会对生命和死亡的观念也在变化，导致丧葬仪式的形式和内容逐渐演变。例如，越来越多的人开始关注环保，选择自然葬或生态葬等新型的丧葬方式，以减少对环境的影响。这种变化不仅反映了人们对生存环境的关注，也体现了对传统习俗的再思考与更新。

在这样的背景下，丧葬仪式的多样性不仅保留了传统文化的精髓，也融入了现代社会的需求与价值观，形成了更为丰富和综合的仪式体系。这种新的丧葬仪式不仅满足了人们对故人的追思和怀念，也适应了当代社会的发展潮流，体现了文化的活力与延续。

生活在陶利嘎查的蒙汉民族经过几十年的互动交流之后，在丧葬仪式上形成了一些相似或相同的仪式活动。第一，相同的丧葬形式——土葬。乌审旗蒙古族丧葬有土葬、火葬、野葬等三种形式，土葬是比较常见的丧葬形式，蒙古族从19世纪开始实行土葬。第二，相似的入殓工具——棺材。虽然蒙古族从19世纪开始出现土葬，但是蒙汉民族之间的土葬还是有一些区别的，例如蒙古族在20世纪60年代以前的土葬方法是把尸体装进白布袋、挖坑下葬，且不记地点（后人不寻找坟墓），20世纪60年代以后开始用坐棺，与汉族的棺材有所区别，蒙古族人认为应该以什么样的形式来到世上，就以同样的形式离开，所以蒙古族都是在人即将去世之际，将人体摆放成婴儿出生时的姿势，因此他们用的是坐棺，而汉族人是躺在棺材里。第三，相同的祭祖仪式——上坟。蒙古族之前是没有上坟的习俗的，从20世纪60年代以后，慢慢地，人们开始将自己的亲人埋葬在同一地方，每逢清明节和春节前夕都会到坟前祭奠亲人，一些蒙古族人认为这是模仿汉族的，且明确表示汉族上坟的次数多于自己。EEDMT讲述蒙古族葬礼习俗。

> 这个丧葬我们跟汉族还是有一些不一样的，主要就是汉族人家是夫妻之间要合葬，我们就不管那些，夫妻之间也不合葬。我们蒙古族现在也用棺材了，以前我们在老人去世之后就是白布袋子装起来拉出去找个地方就埋了，以后也不会去找，现在不一样了，我们也是用棺材找一个风水好的地方埋，每年的清明节、冬至和过年前一天去上坟，好多人一年就是清明节和年前一天去上坟，以前我们祭祀祖先就是冲着埋人的方向烧一下纸，现在和汉人一样也是去坟上。但现在有一点和汉人不同的是我们不合葬，母亲的坟堆与父亲的坟堆基本并列，略微往下错一点位置。我们这种丧葬方式应该是受汉族人的影响，实行时间不是很久，我们的坟上现在能见到的是从我爷爷这一辈开始的，再往前就找不到了。（ARGL，男，蒙古族，访谈时间：2020年7月21日）

三、其他仪式

人生仪式除了婚嫁和丧葬仪式之外，还有一些仪式值得我们关注，例如出生、满月、周岁、寿庆等人生不同阶段的庆祝仪式。

首先，陶利地区有在婴儿出生后三天举行洗礼仪式的传统。这一仪式不仅包括宴请亲友，还涉及请求长辈为婴儿赐名，象征着对新生命的祝福和对家庭延续的重视。这种庆祝活动在过去被视为极为重要的庆典，承载着文化的深厚底蕴和对未来的美好期望。然而，据笔者在陶利嘎查调查期间发现，这一仪式的重视程度逐渐被淡化。许多家庭在婴儿出生后，虽然仍会进行简单的庆祝，但往往省略了传统的洗礼仪式和相关的庆祝活动。随着生活节奏的加快和社会观念的变化，部分年轻父母更倾向于以更简便的方式来迎接新生命，而不是按照传统的方式进行盛大的庆祝。这种转变可能源于对时间和经济成本的考量，也可能是受到现代社会多元文化影响的结果。这一现象的出现，反映了传统习俗在现代生活中的逐渐变迁。虽然仍有一些家庭坚持举行洗礼仪式，以保留文化传承，但整体来看，越来越多的家庭选择以更简化的方式来庆祝这一重要时刻。这种变化或许意味着传统习俗面临挑战，但也展现了文化适应和发展的灵活性。

尽管洗礼仪式的形式有所改变，但其中蕴含的对生命的祝福和家庭期望的意义仍然存在。陶利嘎查的居民在面对传统与现代的冲突时，努力寻找一种平衡，以便在传承文化的同时，也能适应当代社会的需求。这种适应不仅是对传统的重新审视，也为文化的未来发展提供了新的可能性。其次，蒙汉民族对婴儿满月的重视程度难分伯仲。蒙古族认为满月这天是婴儿和产妇"获得解放的日子"，汉族群众则是在产妇"坐月子"期间送食物营养品表示慰问，待婴儿满月之日，主家备酒肴菜食宴请宾客，向亲朋好友"宣告"家庭新成员的到来。

再次，婴儿在百日和周岁时的庆祝活动是许多家庭中的一种普遍传统，虽然不同家庭的庆祝方式和重视程度各有不同。这种庆祝活动的范围和形式因家庭的背景、经济状况以及个人喜好而异，因此并不局限于某一特定文化或民族。对于一些家庭来说，这些庆祝仪式可能比较简单，只是邀请亲朋好友聚在一起共享快乐时光；而对另一些家庭而言，庆祝活动则可能更加盛大，涉及丰富的宴席、游戏和礼物。随着社会的发展，许多家庭在庆祝这些重要时刻时可能会创造出自己的独特仪式。这种多样化的庆祝方式反映了家庭成员对传统的理解与创新，家庭之间的差异使得庆祝活动的形式变得更加丰富多彩。因此，虽然百日和周岁的庆祝活动在某种程度上是普遍存在的，但其具体实施却因家庭的具体情况而呈现出不同的面貌。此外，有些人认为现代的庆祝仪式有时显得纷繁复杂，可能包含了许多与传统无关的新元素。这种现象并不完全与某一文化或民族相关，而是反映了当代社会对庆祝方式的多元化追求。不同家庭可能会从各自的生活经验和价值观出发，选择适合自己的方式来庆祝这些重要的时刻。这种灵活性和创造性使得庆祝活动更加丰富多样，也为家庭成员提供了一个表达情感和加强联系的机会。总的来说，婴儿的百日和周岁庆祝活动是家庭生活中重要的一部分，虽然形式和重视程度因家庭而异，但这种庆祝活动的核心在于对新生命的祝福与家庭的团聚，而不是单纯与某一特定民族或文化相联系。

最后，寿庆是许多家庭为长辈举办的一种传统庆典。在这一活动中,亲朋好友齐聚一堂,共同庆祝长辈的生日,表达对他们的祝福与敬意。对于一些群体而言,寿庆不仅仅是一个生日庆祝的仪式,更是家族团聚、传承亲情的重要时刻。人们通常会在这一特殊的日子里设宴庆祝,邀请亲友共襄盛举,分享美食与欢乐。在不同的文化背景下,寿庆的具体形式和庆祝方式可能有所不同。例如,某些文化强调在长辈年满五十岁之后,由子女负责筹办寿庆,邀请亲朋好友一起庆祝。这一过程不仅体现了对长辈的孝敬,也展示了家庭成员间的紧密联系。在这种情况下,举办寿庆的规模和宴请的宾客范围往往因家庭的经济状况和传统习惯而异。

虽然寿庆是一个重要的庆祝活动,但通常情况下,其规模和盛大程度相较于满月酒等其他仪式而言,可能会略显简约。满月酒往往是一个家庭新的生命诞生后的重要庆祝,许多家庭会倾尽全力进行盛大的庆祝,邀请更多的亲友参与。而寿庆虽然同样重要,但在庆祝的方式和宾客的邀请上,往往会更加注重家庭的私密性和温馨氛围。

总体来看,寿庆作为一种传统的庆祝方式,不仅是对长辈的祝福,也是家族团聚的重要时刻。尽管仪式的规模和宾客的范围可能有所不同,但其核心意义始终是对生命的尊重与对亲情的珍视。无论是以何种形式庆祝,寿庆都承载着深厚的情感与美好的祝愿。

第五章　观念的变迁

当今社会处于变革的时代，社会一切事物都在发生变化，人的观念也在变。人观念的变化深受社会环境变革的影响。法治、消费、教育等等都与人们的生活息息相关，人们不断打破原有的观念，不断构建新的法治观、消费观、教育观。

第一节　法治观念日益加强

法治凝结着人类智慧，是人类社会文明发展的产物，法治观念是人们关于法治的认知、评价和情感体验。我国进入新时代以来，进入了高质量发展的快车道，各方面建设都取得了长足的发展，中国特色社会主义法治建设也不例外，我国各族群众的法治观念在发展的过程中实现了重构，即在对自己原有的法治观念进行了修正，加强原有合理的、科学的观念，摒弃不合理的、过时的旧观念。重构是各族群众在长期的生活实践中形成的，并且不断加强的过程，是"内化于心、外化于行"的过程。各族群众在法治观念重构的过程中，离不开法律的指引,离不开法律顾问的宣传解读,更离不开良好的社会基础。

一、"法律是个好东西":法治观念的重塑

法律是个好东西,这是人们观念中对法律最朴实的认知,法律保障了人民的权益,一些人从法律中获得了实实在在的好处,从而使法治观念得到了重塑。但是法治观念的重塑不是一蹴而就的,更不是单方面的,而是多方推动的。从宏观层面需要加强顶层设计,制定出科学合理的法律法规;从中观层面需要加强宣传解读,让法律法规深入人心;从微观层面要做到懂法、守法、用法。

首先,从宏观层面分析,中国特色社会主义法治建设始终坚持以人为本、人民至上的核心理念,并且不断完善顶层设计。一方面,不断建立健全法律法规,确保法治建设进程中做到有法可依,目前,我国基本形成了以宪法为核心的法律体系,以宪法为基础,制定了一大批法律、行政法规、地方性法规、自治条例和单行条例,法律体系日趋完备,国家经济、政治、文化和社会生活的各个方面基本实现了有法可依。并且立法质量和水平有了大幅提升,法律的效力初步显现,社会运行稳定有序。在法律健全的进程中,人文关怀始终贯穿在立法的始终,反映人民的共同意志,保障人民的根本利益,尤其是《中华人民共和国民法典》的通过和实施,对事关人民群众生活的法律问题都做了明确的规定;另一方面,不断创新基层法治建设举措,其中最显著的是从制度上对基层法治建设进行保驾护航,如 2014 年建立乡村(社区)法律顾问制度、2021 年

推行"法律明白人"培养工程都从基层民众入手,目的是加强群众的法治意识。法律顾问、法律明白人都在一定程度上推动了各族群众法治主体性加强,将村民培养成法律明白人有助于从根本上塑造各族群众的法治观念,不仅对"法律明白人"本身有着重要意义,而且能够在人民群众中起到示范引领作用。

其次,中观层面的法律宣传解读主要是通过街道、社区组织完成。在推进中国式法治现代化的背景下,法律宣传、法律解读是街道、社区的重要工作内容。街道和社区是法治宣传的主阵地,法治宣传的形式多样、内容丰富、效果显著。不难看出,当前随着社会的发展,尤其是移动互联网技术的发展普及使得宣传方式更加多样化,实现了"线上+线下"多维的宣传方式,而且宣传的频率大大提高,为辖区居民营造了一个知法、守法、爱法的社会氛围,提高了辖区居民的法治意识,培育了各族群众的法治观念。

就微观层面而言,各族群众的法治观念大大增强,这一点从各族群众在遇到矛盾纠纷时,能够第一时间想到找《民法典》、找律师,通过法律的手段解决自己难题。在田野调查的过程中被咨询法律问题是常有的事情。

法治观念的重塑也是各族群众在长期实践的结果,群众观念的转变说明了他自己内心中对法律充满了"敬和畏",敬的是法律、法治社会,畏的是违法后所付出的代价。正所谓"吃一堑长一智",当人民群众在吃了不懂法的亏,自然就会更加重视法律,运用法律武器保护自己的合法权益。

从以上讲述中可以发现,法律的工具性价值在法治观念重塑的过程中也发挥着无可替代的作用，当居民因为触犯法律而受到制裁时，自然从内心对法律有敬畏之心，如当农牧民被限制高消费之后，不能坐飞机、高铁，在生活中感到了极度的不方便，所以反向推动了农牧民通过法律途径来解决自己面临的困境。

法治观念的重塑是一个长期性、动态性的过程，既是多方内外因素推动的结果，又是社会运行规律发展的必然。在陶利各族群众法治观念重塑过程中，离不开科学的顶层设计、离不开有效的宣传解读、更离不开各族群众的接受，三者缺一不可。

二、这东西有用哩：深受欢迎的《民法典》

2020年5月28日，十三届全国人大三次会议表决通过了《中华人民共和国民法典》（以下均以《民法典》论述），自2021年1月1日起施行，《民法典》共7编，1260条，对公民的人身权、财产权、人格权等作出明确详实的规定，并规定侵权责任，明确权利受到削弱、减损、侵害时的请求权和救济权等。《民法典》自从实施以来，深受各族人民群众的欢迎，被誉为"社会生活的百科全书"。2020年8月24日，笔者作为一名志愿者，跟随社区工作人员嘎查进行普法宣传，在活动中，工作人员通过悬挂横幅、发放宣传资料、现场解答、举办宣传讲座等形式展开，在众多宣传资料中，最受欢迎的尤数《民法典》了。大家在拿到《民法典》之后都是赞不绝口。正如群众HSDL说道：

这东西有用哩

　　以前我们总觉得法律离我们很远，跟我一个平民百姓有什么关系，但是现在不一样了，现在是法治社会，不论做什么都跟法律有关系，不懂法律哪能行啊，那些专业的法律咱也不懂，但是这个东西（指《民法典》）不一样，这个东西有用哩，这里面写的都是我们生活中的事情，处处都为咱老百姓着想，哪里遇到问题了，我们就翻一下嘎查发的这个册子，在里面基本都能找到，只要你识字，大部分都能看懂，就算有不懂的也没关系，社区经常会找律师来讲，有时间了我们就去听一听，每次讲的也都不多，我们都能理解。

　　《民法典》对于我们老百姓来说，最明显的作用就是告诉我们哪些能做，哪些不能做，我家的一个邻居之前就是不懂法，无意之间犯了法，这也给我们提了醒，《民法典》就告诉我们在生活中该干什么，不该干什么，在遇到问题的时候应该怎么做，你比如说这二百九十一条说，如果我们邻居要出行，必须从我家的地界上过的时候，我们就要同意，同样的道理，我们也同样有这个权利。我们只有懂了这些，才能在生活中不犯错。（被访谈人：H 先生，1962 年生；访谈时间：2024 年 8 月）

　　H 先生的讲述引人深思，中国作为一个法治国家，有许许多多的法律，为什么《民法典》能够受到人们的追捧？究其根本原因，《民法典》对人民群众的日常生活起着指导作用。除此之外，《民法典》的魅力还是在于其自身所具有的特性，即人民性、科学性、全面性。

第一，坚持以人为本是中国特色社会主义法治建设的出发点和落脚点，即坚持法治为了人民、依靠人民、造福人民、保护人民的根本宗旨。首先，《民法典》通篇贯穿以人民为中心的发展思想，着眼满足人民对美好生活的需要。如第一条就规定了《民法典》的价值旨归，"为了保护民事主体的合法权益，调整民事关系，维护社会和经济秩序，适应中国特色社会主义发展要求，弘扬社会主义核心价值观，根据宪法，制定本法。"这足以证明制定《民法典》的根本目的是维护好人民的根本利益、增进人民福祉。其次，让利于民是《民法典》人民性特征的另一体现，如《民法典》第一百八十七条规定："民事主体因同一行为应当承担民事责任、行政责任和刑事责任的，承担行政责任或者刑事责任不影响承担民事责任；民事主体的财产不足以支付的，优先用于承担民事责任。"这体现了当人民利益与其他主体利益冲突时，要主动让利于民。而这一观点也体现在《民法典》中关于继承权的规定上。最后，也是最关键的是《民法典》是中国特色社会主义法治建设的结晶，以人民为中心是我们党的本质属性，党性和人民性是相互统一的，宪法和法律是党的主张与人民意志相统一的最佳体现，人民群众依照宪法和法律维护自己当家作主的民主权利，这是依法治国的根本体现和本质特征，[1] 自然也是《民法典》特性所在。

第二，科学性是《民法典》的另一特征。《民法典》的立

---

〔1〕 参见宋才发：《〈民法典〉的人民性及民事多元治理体系构建》，载《广西社会科学》2021年第10期。

法、实施、运行的每一个环节都是科学合理的。从立法伊始，就集思广益、听取民意，经多方论证，最终才能成文实施，每一条法律条文都来源于人民群众生活、最终服务于群众。随着《民法典》宣传力度不断加强，已经深入人心，成为人民群众生活的基本准则。前文提及的居民马玉在遇到问题之后，首先便想到了在《民法典》寻求解决的办法，像这样的案例在当地很普遍。

第三，全面性是就《民法典》内容而言的。《民法典》将《婚姻法》《合同法》《继承法》等9部民事法律，涉及人民群众的方方面面，贴近人民群众的日常生活。《民法典》的宣传与讲解让大家认识到这是一部保障人民群众美好生需要的大法，是系统的、全面的。

综上，为什么人民群众坚信《民法典》是一个对他们有用的东西，正是因为《民法典》自身的人民性、科学性和全面性，是真正为想人民之所想、解人民之所急的综合性大法，能够切身维护人民合法权益的利器。此外，《民法典》还是人民群众生活的基本准则，《民法典》中明确规定了，在日常生活中，哪些行为是被允许的，哪些是被禁止的，等等。

第二节 消费观念的转变

随着经济的快速发展和社会的不断进步，当代群众的消费观念发生了显著的变化。消费观念的变迁不仅反映了经济发展的水平，也折射出社会文化的变化。随着中国经济的腾飞、人民生活水平的提高，消费模式也逐渐从生存型消费向发展型、享受型消费转变。

一、消费观念的变迁

（一）从节俭到适度消费

近年来，中国乡村居民的消费观念经历了显著的转变，从过去的节俭型消费逐渐向适度消费过渡。这一变化不仅反映了经济的发展和生活水平的提高，也折射出社会观念的变迁。

在改革开放初期，乡村居民的收入水平较低，物质资源匮乏，消费主要集中在基本生活需求上，节俭成为普遍的生活态度。人们通常会精打细算，尽量减少不必要的开支，许多家庭甚至会自行种植蔬菜、饲养家禽，以降低生活成本。节俭不仅是经济上的必然选择，也是一种传统美德，深深植根于人们的日常生活中。

然而，随着经济的快速发展和农村收入的不断增加，乡村居民的消费能力显著提升。政府大力推进的扶贫政策和基础设施建设，使得农村地区的交通、通信和教育等条件得到了极大改善。农村电商的兴起，更是打破了城乡之间的市场壁垒，使得乡村居民能够方便地购买到更多样化的商品。

在这一过程中，乡村居民的消费观念逐渐发生变化。人们开始注重生活质量，追求更加健康、舒适和有品质的生活。一方面，家庭中的耐用消费品如家电、家具的更新换代变得更加频繁；另一方面，文化娱乐、健康护理等服务性消费的比例也在上升。旅游、健身、教育等方面的支出逐渐增加，显示出人们对精神生活的重视。

此外,消费结构的变化也表现在对品牌和品质的关注上。过去,人们更多地关注商品的价格,而现在,越来越多的乡村居民开始注重商品的品牌、质量和售后服务。这种变化不仅体现了消费能力的提高,也反映出居民对生活品质提升的追求。

值得注意的是,这种适度消费的转变并不意味着浪费和过度消费。相反,许多乡村居民在追求更高生活质量的同时,仍然保持着节俭的美德。他们更加理性和环保地进行消费,注重节能减排和资源的可持续利用。许多家庭在购买大件商品时,会综合考虑性价比和使用寿命,以实现经济和环保的双重目标。

总的来说,中国乡村居民从节俭到适度消费的转变,是经济发展、社会进步和观念更新的综合结果。这一变化不仅提升了居民的生活质量,也为乡村经济的繁荣和可持续发展注入了新的活力。在未来,随着农村现代化进程的加快,这一消费观念的转变将会进一步深化,并带动乡村生活方式的全面升级。

(二) 从物质消费到精神消费

随着社会经济的持续发展和居民收入水平的不断提高,居民的消费观念也在逐步发生深刻的变化,特别是在消费结构上,从以往注重物质消费逐步向精神消费转变。这一转变不仅体现了人们生活质量的提升,也反映了社会文化与个人价值观的多元化发展。

在过去,居民的消费更多地集中在物质层面,追求衣食住行等基本生活需求的满足。随着经济条件的改善,家电、家具、汽车等耐用消费品逐渐进入千家万户，物质消费成为提升生活质量的重要手段。然而，随着生活水平的进一步提高，人们对物质需求的满足感逐渐饱和，开始转向更高层次的精神需求。这种变化不仅体现在消费行为上，也反映在消费观念的根本转变上。

精神消费的兴起意味着人们在物质生活之外，开始更多地追求心灵的满足和自我价值的实现。文化娱乐、教育培训、旅游休闲、健康养生等领域的消费逐渐增多，成为居民消费支出中的重要组成部分。居民愿意为精神愉悦、知识增长、健康提升等方面投入更多的金钱和时间，这也推动了相关产业的发展，如文化创意产业、教育产业和旅游业等。

例如，越来越多的人选择利用节假日进行旅游，以丰富自己的生活经历和开阔视野；文化娱乐消费也显著增长，看电影、听音乐会等活动日益普及；在教育方面，不仅儿童教育支出增加，成人也越来越重视终身学习，参加各种培训班和兴趣班以提升自我技能和素质。这些精神消费的增长反映出人们对生活品质和个人成长的重视。

此外，精神消费的兴起也反映了社会整体文化水平的提升和价值观的多元化。在追求物质消费的同时，人们开始注重精神文化的积累和生活的丰富性，形成了物质与精神并重的消费观念。这种转变不仅有助于提升个体的生活满意度，也促进了社会的和谐与进步。

居民从物质消费向精神消费的转变，标志着社会的成熟和个人生活方式的丰富多样化。这一转变不仅提升了居民的幸福感和生活质量，也推动了社会文化的繁荣和进步。在未来，随着经济和文化的进一步发展，精神消费将在居民的生活中占据越来越重要的地位，成为衡量生活品质的重要标志。

二、消费结构的多元化

随着经济发展和收入水平的提高，居民的消费逐渐从单一的物质消费扩展到包括精神文化、教育培训、健康养生、娱乐休闲等多个领域，呈现出更加丰富和多样化的消费需求。这种多元化不仅体现了人们生活质量的提升，也反映了社会文化的进步和个人价值观的多元化发展，使得消费行为更加注重个性化和品质化。

（一）消费品类的丰富

近年来，随着中国农村经济的发展和城乡一体化进程的推进，乡村消费品种类的丰富性显著提高，呈现出前所未有的多样化。这一变化不仅是经济水平提升的结果，也是农村基础设施建设、物流体系完善、电商平台普及等多重因素共同作用的结果。

过去，乡村市场的消费品种类相对单一，主要以粮油、副食品、简单日用品为主，供给渠道有限，商品更新速度慢，选择余地较小。而随着农村经济的发展和居民收入水平的提高，乡村居民对多样化、品质化消费品的需求逐渐增加。政府对农村地区的扶持政策也为消费市场注入了新活力，促进了消费结构的升级。

现代化的交通网络和物流体系的发展，使得各种消费品得以快速运送到乡村市场,从而大大丰富了乡村居民的购物选择。如今,从日常生活必需品到时尚电子产品,从传统农产品到进口食品,乡村居民都能方便地购买到。尤其是在电子商务的推动下,乡村消费者通过手机和网络可以轻松浏览并购买来自全国乃至全球的商品,极大地拓宽了消费渠道。乡村淘宝、拼多多等平台的发展,使得乡村居民能够像城市居民一样享受到便捷的在线购物体验,许多村镇甚至建立了电商服务站,为居民提供更加直接的购物支持。

此外,乡村消费品种类的丰富还体现在本地特色产品的兴起。随着乡村旅游和农村电商的兴起,许多地方特色农产品、手工艺品等开始走俏,成为乡村居民消费的重要选择之一。这不仅丰富了乡村市场的消费品种类,也推动了地方经济的发展和农村居民收入的增加。

与此同时,消费观念的变化也推动了乡村消费品种类的丰富。随着乡村居民生活水平的提高和对品质生活的追求,乡村市场上开始出现越来越多的高端商品和服务,包括家用电器、健康食品、教育培训、文化娱乐等。尤其是在一些经济较为发达的农村地区,乡村居民的消费观念已经从单纯的物质满足转向更高层次的精神文化需求,这也促进了市场上新兴消费品类的增长。

总的来说,我国乡村消费品种类的丰富,不仅反映了经济发展的成果,也折射出乡村社会的变迁和居民生活水平的提升。这一变化使得乡村居民能够享受到更为丰富的物质和精神生活,为实现城乡一体化和农村经济繁荣提供了有力支持。在未来，随着乡村振兴战略的深入推进，乡村消费市场将会更加多样化和充满活力。

（二）消费领域的拓展

近年来，我国乡村群众的消费领域经历了显著的拓展和升级，从过去单一的生存型消费逐步向发展型、享受型消费过渡，呈现出多元化和多层次发展的趋势。这一变化不仅是农村经济发展的结果，也是城乡一体化进程加快和信息化普及的推动力。

在过去，乡村群众的消费主要集中在基本的生活必需品上，如粮食、蔬菜、油盐等基本食材，衣物和简单的日用品。随着经济水平的提高和国家扶贫政策的深入推进，乡村居民的收入显著增加，消费能力不断增强，对更高质量生活的追求逐渐成为新的消费趋势。如今，乡村群众的消费领域已不再局限于日常的衣食住行，而是向更为广泛和多样化的方向发展。

首先，乡村居民对家电、家具等耐用消费品的需求大幅增长，许多家庭开始更新换代，购置冰箱、洗衣机、空调等现代家电，提升家庭生活质量。此外，随着智能手机和互联网的普及，乡村居民的数字化消费需求也在增加，智能手机、平板电脑等电子产品成为农村消费市场的新宠。在线购物的兴起，更是打破了地域和信息的不对称，农村消费者通过电商平台能够便捷地购买到来自世界各地的商品，这极大地拓宽了乡村群众的消费领域和视野。

其次，乡村群众的消费开始向文化娱乐、教育培训和健康养生等领域拓展。随着生活水平的提高，乡村居民不再满足于物质上的基本需求，开始追求更高层次的精神享受。许多乡村家庭重视子女的教育，增加了在课外培训和兴趣班上的支出，尤其是在一些经济较为发达的农村地区，子女教育支出甚至占据家庭消费的主要部分。同时，文化娱乐消费也在乡村逐渐兴起，看电影、唱卡拉 OK、旅游观光等活动日益普及。乡村居民对健康养生的关注度也在增加，购买健康食品、保健品和参与健身运动成为新的消费趋势，这反映了乡村居民对健康和生活品质的重视。

再者，乡村群众的消费领域还进一步扩展到了金融服务、保险理财等现代服务业。随着农村经济的不断发展和乡村振兴战略的深入实施，农村金融环境得到显著改善。乡村居民的金融意识逐渐增强，越来越多的人开始接触和了解保险、理财产品，利用金融工具进行财富管理。各大银行、保险公司和互联网金融平台也纷纷深入农村市场，推出适合乡村居民的金融产品和服务，如农业贷款、农民创业贷款、养老保险等，极大地丰富了乡村群众的消费选择。

此外，乡村消费领域的拓展还体现在旅游和休闲农业的发展上。随着乡村振兴战略的实施，乡村旅游和休闲农业成为新的经济增长点，吸引了大量城市游客的同时，也为本地居民提供了更多的消费机会。乡村居民在日常生活中开始更多地参与到休闲农业和乡村旅游活动中，不仅享受美丽的乡村风景，还参与采摘、垂钓、农事体验等活动，丰富了乡村居民的生活体验和消费领域。

我国乡村群众的消费领域的拓展，体现了乡村居民生活水平的显著提升和消费观念的转变。这种变化不仅推动了乡村经济的多元化发展,也促进了城乡之间的经济融合和社会进步。在未来,随着农村基础设施的进一步完善和乡村振兴政策的深入实施,乡村消费领域的拓展将更加多元和丰富,为乡村社会的繁荣和可持续发展注入新的活力。乡村群众的消费行为将继续向多样化和个性化发展,满足他们日益增长的美好生活需要。

三、消费方式的多样化

我国当前的消费方式多样化情况显著,表现为传统消费方式与现代消费方式的融合与共存。在传统消费方式如实体店购物、线下服务等继续发挥作用的同时,电子商务、移动支付、直播带货等新兴消费方式迅速崛起,深刻改变了消费者的购买习惯和消费体验。消费者不仅可以通过电商平台实现随时随地的在线购物,还可以通过移动支付完成便捷的交易,享受即时配送服务。此外,社交电商、社区团购、直播带货等新模式迅速普及,使得消费者能够参与互动和体验式购物,获得更为个性化和多样化的商品选择。农村地区的消费方式也在发生变化,电子商务和物流体系的完善让乡村居民能够享受到与城市居民同样丰富的消费品类和便捷的购物方式。总体而言,我国消费方式的多样化反映了技术进步、经济发展以及消费者需求升级的综合影响,推动了消费市场的不断扩展和升级。

(一)线上线下融合

近年来,我国线上线下融合的趋势愈加明显,并逐渐成为推动消费升级和商业模式创新的重要动力。随着数字经济的发展和信息技术的广泛应用，传统线下零售与新兴线上渠道的界限日益模糊，线上线下融合正在从多个层面深刻改变我国的消费生态。

首先，在零售领域，线上线下融合带来了全渠道销售模式的兴起，商家通过打通线上商城、线下门店、社交媒体、直播平台等多个渠道，为消费者提供无缝衔接的购物体验。例如，许多品牌通过"线上下单、线下自提"的 O2O 模式，提升了购物效率与便利性。电商平台也通过线下实体店布局，形成了更为完善的供应链与服务网络，如阿里的"新零售"战略中盒马鲜生的线下体验店，以及京东的"京东到家"与便利店结合的模式。这种线上线下的联动极大提升了消费者的购物体验，实现了线上线下资源的高效配置。

其次，线上线下的融合还体现在营销推广方面。传统的线下广告和促销方式与数字化营销手段相结合，通过大数据、AI 技术精准分析用户行为，为消费者提供个性化的推荐和定制服务。尤其是直播电商和社交电商的兴起，打破了原有的购物路径，通过 KOL（意见领袖）与 KOC（意见消费者）的影响力，将商品推送给特定的目标人群，形成了高效的转化率。此外，一些企业通过线下活动、体验式营销结合线上平台的互动和引流，增强了消费者的参与感和忠诚度，提升了品牌价值。

在线下门店的数字化升级中，智能化和数据化逐渐成为主流趋势。越来越多的线下商场和零售店引入智能技术，如人脸识别、智能货架、无人支付等，通过数据采集和分析优化库存管理、提升销售效率，甚至实现智能化的消费行为预测。同时，线下店也成为线上品牌进行品牌推广和用户体验的重要触点，许多新兴品牌在初期通过线上渠道打开市场后，会逐步布局线下体验店，以增强品牌影响力和用户黏性。

在服务业领域，线上线下的融合更加深入。外卖、快递、社区团购等服务不仅满足了消费者日益增长的即时需求，还将线下的生活服务搬到了线上，从餐饮、家政到医疗、教育，消费者可以通过线上平台获取更便捷、更广泛的服务选择。尤其在医疗和教育领域，线上线下的融合创造了全新的服务模式，如"互联网+医疗健康"的远程问诊、线上处方加线下配送，以及线上课程与线下辅导相结合的教育模式。这种线上线下协同的方式，在提升服务效率的同时，也解决了传统服务中的空间和时间限制。

此外，农村市场也逐渐成为线上线下融合的重要增长点。随着电商平台下沉和物流网络的完善，乡村消费者不仅可以在线上购买到更多样化的商品，线下的农产品也通过电商渠道走向更广阔的市场，实现了"农货进城、工业品下乡"的双向流通。许多电商平台和农业企业通过线上线下融合，推动农产品品牌化、标准化，提升了乡村经济的发展水平。

由此我国线上线下融合的发展，不仅在零售、服务、农业等多个领域实现了资源和渠道的深度整合，还通过技术和数据的驱动，优化了商业模式和消费体验。线上线下的深度融合使得消费场景更加多元、灵活，消费者在获取商品和服务时的选择更加广泛、便捷。这一趋势在未来将继续深化，推动商业形态的进一步创新和消费市场的持续升级，为我国经济高质量发展提供强劲动力。

（二）支付手段的多元化

近年来，我国支付手段的多元化发展呈现蓬勃态势，极大地改变了消费者的支付习惯和交易方式。传统的现金支付方式逐渐让位于更加便捷、高效的电子支付手段，其中，移动支付成为主流，微信支付和支付宝等平台的普及，使得扫码支付、二维码支付成为日常生活的标配，几乎涵盖了从日常小额消费到大额支付的各个场景。同时，NFC（近场通信）支付和手机闪付等技术的应用也逐步扩大，尤其在地铁、公交、便利店等快捷消费领域，刷手机即可完成支付，简化了支付流程。此外，银行卡支付、信用卡、借记卡等传统电子支付方式依然占据重要地位，但也在不断创新，如绑定手机 APP 进行快捷支付、积分兑换消费等。近年来，随着区块链技术的发展和虚拟货币的兴起，数字人民币的推出为支付方式多元化增添了新的维度，逐步进入试点应用阶段，未来有望在更广泛的领域推广。数字人民币不仅提供了国家层面的法定数字货币选择，还促进了支付体系的进一步完善与安全性提升。与此同时，各类第三方支付平台不断创新，通过打通线上线下支付渠道，推出跨境支付、分期支付、移动理财等服务，满足了消费者日益多元化的支付需求。总体而言，我国支付手段的多元化发展不仅提升了交易的便利性和效率，也推动了消费市场的繁荣和金融科技的创新。支付方式的多样性让消费者拥有了更多选择，满足了不同场景、不同需求的支付习惯，进一步推动了我国数字经济的快速发展。随着技术的不断进步和政策的支持,未来支付手段的多元化将持续深化,为消费者提供更加便捷、安全的支付体验,助力经济的高质量发展。

(三) 新兴消费模式

我国当前的新兴消费模式发展迅速,展现出多元化和创新性的特征,深刻影响了消费者的生活方式和消费习惯。首先,社交电商、直播电商等新兴模式迅速崛起,借助社交媒体和直播平台的影响力,实现精准营销,极大地提升了商品的曝光率和转化率。消费者不仅通过观看直播实时了解产品信息,还能参与互动并享受即时优惠,这种互动性和即时性增强了购物体验,推动了购物的社交化和娱乐化。

数字化、智能化的消费场景逐渐普及,借助人工智能、大数据、物联网等技术,商家通过精准推送和个性化推荐,为消费者提供定制化的购物体验。智能家居、无人零售店、虚拟试衣间等新技术的应用,使得消费者能够享受到更加便捷、高效的购物过程,这些技术驱动的消费模式不仅提升了消费者的购物体验,还推动了零售行业的数字化转型。

可以看出,我国当前的新兴消费模式呈现出多样化、个性化和智能化的发展趋势,借助互联网和科技的力量,新兴消费模式突破了时间和空间的限制,满足了消费者日益多样化和个性化的需求。这种模式的快速发展不仅推动了消费市场的创新与升级,也为经济的高质量发展注入了新的活力。随着技术的进一步进步和市场环境的优化,新兴消费模式将在未来继续演变和扩展,为消费者带来更多元、更丰富的消费体验。目前,在陶利嘎查，网购已经成为农牧民生活物资采购的重要渠道，通过手机网上下单，快递到家，实现了足不出户就可以消费的目的，而且这种消费方式愈发的普及，从街上新成立的几家快递站点就足以证明这一点。

第三节　婚恋观念的转变

当代乡村婚恋观念经历了显著的变迁，从传统的包办婚姻和重视家族利益转向更加注重个人选择和情感基础。随着经济的发展和社会的变革，年轻一代逐渐追求爱情和自我实现，在择偶标准上更加看重价值观、教育背景和生活方式的契合。同时，现代科技的普及，尤其是社交媒体和婚恋平台的兴起，使得信息交流更加便捷，扩大了交友和相亲的范围。这些变化不仅反映了乡村社会向城市化的转型，也体现了传统文化与现代观念的碰撞与融合。

一、婚恋自由观念愈发增强

当代年轻人对婚恋自由观念的增强，主要体现在择偶标准的自主化和婚姻形式的多样化两个方面。首先，传统婚恋观念中，择偶标准往往受到家庭、社会和文化的制约，许多年轻人在选择伴侣时更多地依赖于家长的意见和社会的期望。然而，随着教育水平的提高和个人意识的觉醒，现代年轻人在择偶时越来越注重个人的情感体验和价值观的契合，他们倾向于选择能够与自己在兴趣、生活方式和人生观上高度契合的伴侣。这种自主化的择偶标准使得年轻人能够摆脱外部压力，追求真正的爱情和幸福，从而增强了他们对婚恋关系的主导权和选择权。

其次，婚姻形式的多样化也是当代年轻人婚恋自由观念增强的重要体现。在过去，婚姻常常被视为一种必经的社会责任和义务，年轻人普遍倾向于按照传统的方式步入婚姻。然而，现代社会的变迁和价值观的转变使得年轻人对婚姻的理解变得更加灵活。除了传统的婚姻形式，越来越多的年轻人开始接受同居、非婚同居、短期婚姻等多样化的婚姻形式。他们认为，婚姻不再是人生的唯一目标，个人的独立性和自我实现同样重要。在这种背景下，年轻人更愿意尝试不同的关系模式，以探索和实现自我价值。

此外，现代科技的发展也为年轻人提供了更多的选择和机会，社交媒体和婚恋平台的兴起使得他们能够更广泛地接触到不同背景和想法的人，从而拓宽了他们的择偶范围。这种便捷的交友方式使得年轻人在选择伴侣时更具主动性和灵活性，进一步促进了婚恋自由观念的形成。

总的来说，当代年轻人对婚恋自由的认识不断深化，他们在择偶和婚姻形式上的自主选择，体现了个人价值和幸福感的追求，标志着传统婚恋观念的转变和新的社会文化环境的形成。这种变化不仅反映了年轻一代对自由与个体意识的重视，也为未来的婚恋关系发展提供了新的可能性。

二、婚姻圈不断扩大

当代婚姻圈的扩大主要体现在通婚范围与交往距离两个方

面。首先，随着社会文化的开放与融合，越来越多的年轻人愿意跨越地域和文化的界限，选择来自不同背景的伴侣，尤其是在教育水平提升和经济全球化的背景下，跨国婚姻逐渐成为常态，这不仅丰富了个人的生活经历，也促进了不同文化之间的理解与交流。其次，科技的发展，尤其是互联网和社交媒体的普及，使得人们能够轻松地与远方的人联系，打破了传统婚恋中地理位置的限制，现代年轻人通过各种平台扩大了交友的范围，能够在更广阔的空间中寻找符合自己价值观和生活方式的人，这种交往距离的扩大，使得婚姻选择变得更加多元化，反映了当代社会对个体情感和幸福的重视。通过这些变革，婚姻不仅仅是家庭和社会的结合，更逐渐演变为个体自我实现和情感连接的重要体现。而在多民族社区族际通婚则是典型现象。

族际通婚指分属于两个不同族群、不同民族、不同种族的两性缔结的婚姻，是相对于族内婚而言的一种婚姻方式，马戎教授在《民族社会学——社会学的族群关系研究》一书中探讨族群关系与族际通婚时提到"族际通婚标志着把一个'异族人'吸引进本族的族群。正因为如此，族际通婚通常并不被本族群认为仅仅是通婚者个人的私事，在许多场景下，这种族群认同观念和相应的凝聚力会使本族的父母、亲属、家族、社区对于子女、族人的跨族群通婚表示他们或者赞同或者反对的意见。两族成员之间的通婚愿望是得到本族人群体的支持还是反对，在某种意义上被视作体现两族关系总体水平的重要标志之一"[1]。蒙

---

[1] 马戎编著：《民族社会学——社会学的族群关系研究》，北京大学出版社2004年版，第436页。

汉族际通婚在国内民族学、社会学、人类学等研究领域一直是各位学者热衷的选题。马戎教授在赤峰做的蒙汉族际通婚研究，对赤峰地区蒙汉族际通婚现状、影响赤峰农村牧区族际通婚的因素以及赤峰族际通婚的"上嫁"现象做了探析。梁海峡、蔡萍认为"近代以来蒙汉族际通婚现象日趋活跃，这既是蒙汉民族融合的结果"[1]，还分析了近代以来影响蒙汉族际通婚的因素。乌审旗陶利嘎查主要是以蒙古族聚居的村落（据调查，陶利嘎查蒙古族人口占总人口的91.7%），所以在汉族迁来之前陶利嘎查蒙古族实行族内婚的传统。直到20世纪20年代到60年代虽有汉族迁移至此，但很少有族际通婚现象出现。一直到20世纪60年代之后，受国家政策的影响与当地牧民定居的需要，汉族手艺人被接纳。陶利嘎查的通婚习俗逐渐开始转变，一部分汉族移民开始习蒙俗、学蒙语、娶蒙妇，族际通婚逐渐增多，但时至今日陶利嘎查内族际通婚仍不普遍。在笔者的田野调查的过程中，多数访谈者会说老人们不支持蒙汉族际通婚是因为担心生活习惯的不同，但是20世纪60、70年代后的人觉得蒙汉族际通婚是正常的，只要双方自愿就可以的，与民族并无多少联系。

陶利嘎查蒙汉族际通婚现象从汉族移民迁入以后就逐渐出现了，族际婚的出现是游牧文化和农耕文化交流融合的必然结果，也是社会融合发展的必经历程，导致族际婚出现的原因。具体体现在以下几方面：第一，最初迁来陶利嘎查的汉族人多

---

[1] 梁海峡，蔡萍：《近代蒙汉族际通婚问题研究》，载《青海民族大学学报》2013年第4期。

为未婚男性青年,他们初到蒙古族社会圈中,为了扎根立足于此,迫切需要融入当地人的圈子中,希望被蒙古族所接纳。费孝通先生曾提到成为村子里的人两种路径:"一是生根在村里(在村子里有土地);二是要从婚姻进入当地的亲属圈子"[1],族际婚姻便是来此的未婚男青年较为便捷地进入蒙古族社会圈中的一种方式。此种原因导致的族际婚现象是在20世纪50、60年代,即陶利嘎查蒙汉族际通婚初始阶段,在这一时期通婚现象较少,较为典型的如FJD,在60年代到达陶利后就是娶了当地蒙古族寡妇,在此落户生根,属于典型的蒙汉组合家庭。第二,社会经济的快速发展,人们对经济的追求成为一种风尚,扩大蒙汉族际通婚的范围。在陶利嘎查这样半农半牧的嘎查里,人们普遍认为汉族擅长精耕细作、善于经营算计。在田野调查期间,陶利嘎查驻村书记BTBYE不止一次地提到"汉族人比蒙古族人会过光景[2]",他说汉族人是算计自己如何把日子过好,但是蒙古族人(尤其是一些年轻人)奉行"今朝有酒今朝醉",不管之后的事情,所以蒙古族人普遍贷款比较多。好多蒙古族人也是看到这一点,所以愿意把自己的女儿嫁给汉族人抑或娶汉族女子为妻,这样的组合家庭经济水平普遍较好。第三,随着人们受教育水平不断提升,在学校教育中,他们都接受了科学的文化和科学技术教育,越来越多的年轻人受新时代婚恋观的影响,多选择自由恋爱,这也是蒙汉族际通婚呈上升趋势的原因之一。LJF夫妇讲述家庭情况。

---

[1] 费孝通:《乡土中国》,北京大学出版社2012年版,第118页。
[2] "过光景"为当地方言,指经营自己的生活。

LJF 夫妇是笔者访谈的蒙汉族际通婚家庭之一，LJF 是本地汉族，其妻子是乌审旗其他乡镇的蒙古族，两人是在乌审旗打工的时候认识的，属于自由恋爱结婚，在日常的生活习俗中也没有什么明显区别，饮食、服饰等方面，生活在 T 嘎查的蒙汉民族之间几乎没有什么区别，当讲到苏力德信仰时，他妻子说道："他们家是汉族，不信奉苏力德，也不做祭台和立玛尼洪杆，虽然我们家以前是有的，我也无所谓，只不过在苏力德祭祀的时候，我们还是会像别人那样参加祭祀仪式，敖包祭祀也一样，我们都会参加的。"访谈结束后，在出门上车挥手告别的时候，夫妻二人十指相扣，高高地举起，示意着夫妻之间的和谐关系。（被访谈人：LJF，男，汉族，38 岁，T 嘎查农牧民，访谈时间：2020 年 8 月 19 日）

表 5-1 陶利嘎查蒙汉族际通婚统计表

丈夫	民族	年龄	妻子	民族	年龄
LJH	汉族	48 岁	DRM	蒙古族	49 岁
LJF	汉族	45 岁	HTLG	蒙古族	43 岁
MKBLG	蒙古族	43 岁	HXM	汉族	39 岁
ARGL	蒙古族	41 岁	YYX	汉族	38 岁
MGWL	蒙古族	32 岁	ZJY	汉族	32 岁

资料来源：笔者对陶利嘎查花名册的整理。

从以上表格可以看出，陶利嘎查蒙汉族际通婚年纪最大的一对夫妻年纪分别是 48、49 岁，可以大致推测出他们结婚应该是在 20 世纪 90 年代左右，此后蒙汉通婚呈增长的趋势。"蒙古族与汉族的族际婚既属于在国家一统的背景下，一个族群的文化向另一个族群文化传播的结果,又属于两个族群在国家统一和社会发展、民族发展的语境中,互相认识、互相选择、互相融入的结果"[1],我国历来把民族平等、各民族共同繁荣作为国家治理民族地区的基本原则,近年来,中央领导提到各民族要像石榴籽一样紧紧抱在一起。所以蒙汉族际通婚不仅有着现实的基础即和谐的民族关系,还有着良好的社会氛围。

第四节 家庭教育观念的重构

家庭教育观念的重塑与构建是一个动态的过程,受到多种外在和内在因素的共同影响。随着社会的进步和家庭教育意识的提升,未来的家庭教育将更加注重孩子的全面发展,努力为他们创造一个更加健康、积极的成长环境。

一、性别平等教育观念

性别平等教育是指在教育过程中,注重男女平等、消除性别歧视,涉及的教育内容包括性别观念和性别角色,此外还涉及学生的社会性别学习、教师的角色塑造以及教育环境的创设等诸多方面。性别平等教育的目标是使每个学生都能自由地探索自己的性别认同,消除性别歧视与不平等现象,最终实现真正的性别平等。笔者经过调研发现,随着经济社会的发展以及国家的大力支持,人们固有的性别不平等教育观念有所改观。

---

[1] 参见邢莉,邢旗:《内蒙古区域游牧文化的变迁》,中国社会科学出版社2013年版,第463页。

以往人们对于这一问题首先就会想到"做女孩子要温柔"、"不能学习太好,会影响婚姻和谐"等,甚至认为在一些学术领域,男性一般会更受到重视和尊重,而女性则不易得到公正的评价和认可。具体来说,这种性别教育不平等有着多种表现形式:首先,各教育层次的起点不平等。小学女童的入学率低于男童,初中时期女学生辍学现象严重,其后,女学生在获得普通高中教育机会、接受高等教育的机会与男学生相比存在较大差距。其次,教育过程存在不平等。传统教育中的刻板印象根深蒂固。在性别社会化的过程中,男性的性别形象塑造倾向于勇敢、积极向上、聪明顽劣、有能力、具有理性等;而女性的性别形象塑造则倾向于顺从、缺乏竞争意识、认真、富有爱心和奉献精神等。以往的教育者往往认为即使采用相同的教学方法、同样的教材,给予同样的期望和注意,女学生的表现会不如男学生,这种刻板的印象会影响女性在接受教育过程中信心的培养以及知识的摄取。同时,教育者往往认为男生在逻辑思维、实践能力等方面比女生强,并且成就动机高,具有坚强的性格特征,因此对男生期望高而要求比较宽松,对女生期望低而要求严格。女生勤奋学习,学到的却是自己的性别在文化中不高的定位,她们很难找到偶像性榜样来激励自己,长此以往不利于女生在教育中享有平等的发展机会。最后,传统的教育观念中一直有着"女孩子读了那么多书不好找工作"等声音,可见传统观念和社会陋习偏见而产生的对女性的歧视也是导致其教育不平等的因素之一。

深入分析这种现象产生的原因,不难发现。首先,传统家庭期待存在差异。由于普遍认为男孩具有更大的学习潜力，就业不受限制与歧视。相反，对女孩教育投资的回报预期远低于男孩，这在一定程度上影响了父女对子女的教育投资，因此女孩接受教育的年限与学习方向都很有限，尤其是家里经济困难并有兄弟的情况下，女性所接受的家庭教育投资就更低了。在国家实行义务教育之前，很多女性连最基本的学习年限都无法达到，被迫辍学回家。其次，自我平等意识的欠缺。在传统的社会观念以及家庭教育的影响下，被规定、被强加了过多重担，因此并没有机会公正客观地审视自己，缺少自我独立的意识。女性的这种自我意识的缺乏通过强烈的自卑感表现出来。如：她们对前途、事业的追求不如男性；在工作上，更倾向于安全性高、稳定性强的事业单位；在家庭里依然没有摆脱对丈夫的依赖；在市场经济大潮的冲击下，部分女性不能适应外在的压力，又退缩到相夫教子的传统家庭领域里，明显缺乏竞争和独立意识。如此循环往复导致这种教育观念代际传递下去。

如今不同，性别平等教育观念有了明显转变，大多数认为无论是男孩还是女孩都有平等接受教育的权利。"当今社会不同以往了，只有教育才能改变命运，老一辈人的旧理念已经不适应现在的社会了。哪怕孩子学习成绩不佳，但只要她想学习，我们作为父母的也会努力工作赚钱供她读书的。"这是在社区调研时，一位中年父亲所说的。

我有两个孩子，一个女儿，一个儿子。还记得他们小时候，我经常带他们去草场放牧，一边放羊一边教他们识字、讲故事。女儿从小聪慧好学，她对书本有着天然的热爱。尽管我们家并不富裕，但我和妻子从未在她的教育上吝啬。有人劝我说，女孩学那么多书有什么用，反正将来都是要嫁人的。但是我不这么认为，女孩也要有自己的事业。

女儿学习也很争气，高中毕业后，她考上了西北民族大学。那天，我们全家人都激动得热泪盈眶。我们不仅为她骄傲，也为我们的坚持感到欣慰。毕业后，她决定回到家乡，当了一名老师。我认为，教育是每个孩子的权利，不论男女。（被访谈者：JRMT，当地牧民，访谈时间：2020年8月）

"生男生女都一样"的观念已经在人们观念中生根发芽，"养儿防老"的传统观念逐渐退去。""女子无才便是德"的陈旧观念更是不见踪迹，男女平等在家庭教育观念上显现得更加全面透彻，性别平等教育观念更加成熟。

二、全面发展的教育观念

对于孩子的教育，笔者发现现在的家长已经从以往的应试教育、无差别式教育到如今能够正视孩子的个体差异，不再以父母的意愿为其报名参加各种特长班，更加注重孩子综合素养、批判性思维与解决问题的能力。同时还深刻认识到，人的本质属性在于其社会性，没有哪一个个体可以脱离社会独自存在，因此如何培养孩子的社会交往能力也成为了教育的重要内容之一。

尊重孩子的个体差异：每个孩子都是独特的个体，具有不同的天赋、兴趣和需求。要尊重孩子的个体差异，了解他们的优势和挑战，并根据孩子的特点量身定制教育计划。通过个性化的教学方法和资源，帮助孩子发展他们的潜力，培养他们的兴趣和热情。

以兴趣为导向的学习：孩子对于自己感兴趣的领域有着天然的好奇心和学习动力。最好的教育观念是要以兴趣为导向，让孩子参与他们感兴趣的活动和学习。通过提供多样化的学习机会和资源，激发孩子的好奇心，培养他们的自主学习能力和创造力。

注重综合素养的培养：综合素养是指孩子在知识、技能、态度和价值观等方面的全面发展。最好的教育观念是要注重培养孩子的综合素养，而不仅仅是追求学术成绩的单一标准。通过提供全方位的教育内容和体验学习机会，培养孩子的沟通能力、合作精神、创新思维和社会责任感。

培养批判性思维和问题解决能力：在信息爆炸的时代，培养孩子的批判性思维和问题解决能力是至关重要的。最好的教育观念是要鼓励孩子思考和质疑，培养他们的批判思维能力，帮助他们辨别信息的真伪，解决现实生活中的问题，并迎接未来的挑战。

培养情感智商和社交能力：情感智商是指孩子理解和管理自己的情绪，以及与他人建立良好关系的能力。最好的教育观念是要培养孩子的情感智商和社交能力。通过倾听和尊重孩子的情感需求，教导他们有效沟通、解决冲突和建立良好的人际关系的技巧。

最好的教育观念是以孩子为中心，关注他们的全面发展。这种观念不仅关注孩子的学术能力，更注重培养他们的兴趣、创造力、综合素养、批判思维、情感智商和社交能力。将这些观念贯彻到实际行动中时，他们将能够在复杂多变的社会中成功并为社会的发展作出贡献。

经过调研发现，家长的教育观念已经从传统只关注课本中理论知识的学习，转变为重视德智体美劳全面发展教育的理念。全面发展教育是为使受教育者多方面得到发展而实施的多种素质培养的教育活动的总称，是由多种相互联系而又各具特点的教育所组成。组成部分包括德育、智育、体育、美育和劳动技术教育。它们相互依存、相互促进、相互制约，构成一个有机整体，共同促进人的全面发展。德育在全面发展教育中起着灵魂与统帅，保证方向、保持动力的作用，主要任务是培养学生正确的人生观、世界观、价值观，是学生具有良好的道德品质和正确的政治观念，形成学生正确的思想方法的教育。智育在全面发展教育中起着前提和支持的作用，是认识的基础，主要任务是授予学生科学文化知识、技能，发展他们的智力和学习有关非认知因素的教育。体育是全面发展教育的重要物质基础，以增强学生的体质是学校体育的根本任务。体育课是学校体育的基本形式。美育在全面发展教育中起着动力的作用，主要任务是培养学生健康的审美观，发展他们欣赏美、创造美的能力，培养他们的高尚情操和文明素养的教育。审美能力包括欣赏美和创造美的能力，欣赏美又包括感知美和鉴赏美，感知美是美育的起点。学校美育可以分为艺术美、自然美、社会美（也可以叫生活美）、教育美。劳动技术教育可以综合以上四育。劳动技术教育的根本任务是使学生形成劳动情感、态度和习惯，掌握基本的生产技术和技能。劳动技术教育可以通过参加校办校外工厂、农场的劳动进行劳动技术教育,通过服务性劳动,尤其是社会公益活动进行劳动技术教育。

"五育"并举并不意味着教育上的平均主义,也不能理解人人都要发展成为一样的人。在全面发展教育中,德育和智育的地位和作用更具基础性。智育为其他方面的教育活动提供着科学知识与智慧基础。没有科学知识和理性力量的支撑,人的品行、美感和劳动技能的教育就难以有效进行。可以说,智育是其他各育取得良好成效的必要前提。德育解决的是人发展的社会价值方向的问题。它保证教育的大方向,因而具有根本性的意义。当然,强调德育与智育的基础地位,并不意味着可以忽视其他各育的作用。

德、智、体、美、劳作为人身心发展的不同方面,每一部分都有其相对独立性,有其特定的任务、内容和功能,对其他各育起着影响、促进的作用,各育不能相互替代。其中,德育关注的是价值观和行为方式问题,即怎么做人处世的问题;智育关心的是提高人认识和改造世界的一般知识与能力水平,即提升人的内在能力;体育以改善身体素质为基本要旨;美育则努力提升人的精神境界和生活情趣,即对美的欣赏和创造的能力;劳动技术教育直接指向职业生活,为受教育者走向职业世界进行精神和技术的准备。这五个方面的教育,谁也不能取代谁的功能。因此,在教育实践中,应坚持"五育"并举,防止教育的片面失衡。

"五育"虽然各自相对独立,但并非互不相干,作为人全面发展的不同方面，它们紧密相连，是相互依存、相互渗透、相互促进的。在教育实践中，"五育"也不是孤立实施的，而是相辅相成的，在人身心全面发展的统一过程中展开的。因此应树立整体观念，发挥教育的整体功能，综合地设计"五育"实施的过程，提高教育实效。

全面发展的素质教育最重要的是离不开家庭的教育，抑或说离不开父母的陪伴，而这一点，在日常生活中也随处可见，一些父母为了让孩子接受更好的教育，做起了全职妈妈，将自己家里的草场、土地全都租出去，自己进城务工，做陪读。

为了更好地供孩子读书，我们决定把牧场出租出去，在城里租了房子住，我主要是给孩每天接送他上下学，回家后陪他写作业。虽然我没啥文化，但尽量帮他解答一些简单的问题。孩子有时候抱怨学习累，我就跟他说："你爸在外头打工多辛苦，你得努力学习，不辜负他的一片苦心。"

我们这一家子，现在都围着孩子转。孩子他爸在外头拼命挣钱，我在家里尽心照顾，就是为了让孩子能有个好环境，好好读书，不用像我们一样受苦。虽然租了牧场，生活上还算过得去，但为了孩子的未来，再辛苦也得干啊。简单来说，我们这一切，都是为了孩子能有个好前途。希望他以后能出人头地，让我们这辈子的辛苦没白费。（被访谈对象：WRTY，访谈时间：2024 年 8 月）

像 WRTY 这样直接放弃自己的工作，陪伴成长的家庭有很多，这种一人工作养家、一人带孩子读书的家庭模式，成为一种普遍，这也说明不论是什么样的家庭，孩子的教育总是家庭的重要方面，也成为影响家庭发展的重要因素。

三、家庭教育主体性加强

在知识经济的时代，教育的重要性不言而喻，无论是对国家的现代化，还是对个体家庭的发展，教育都发挥着基础性作用，而高考是每个个体接受教育的重要关口。不同地区、不同民族的家庭为了应对高考这一大关，都选择了相应的、有利于个体家庭发展的高考策略。总之，越来越多的家庭为了孩子的教育开始主动出击，而不是自然待之，甚至是被动接受，这一过程说明了人们的家庭教育主体性在不断加强。家庭教育的主体性不仅仅体现在家庭的重大决策时刻，更多的是体现在家庭教育的日常生活中：

笔者经过调研，人们的教育观念从以往的"把孩子交给学校就行了"、自己可以当"双手掌柜"到现在"家庭和学校共同努力才能帮助孩子更好地成长"，即注重了家校共育的重要性。家庭是生活的起点，家庭教育是孩子成长的基石。学校则是孩子教育的主阵地，但是很多时候传统的观念往往缺失了家庭方面，特别是对于一些学生出现了逆反期，很难管理。如果在这个时期家长给予的关注不够，和孩子的代沟就会越来越大，成绩一天天下滑，家长心急如焚却又束手无策，使得孩子和家长的痛苦与烦恼增多。

如今，家长对于教育的重视程度比以往任何时期都高，如何教育孩子，如何让孩子健康的成长也成为家长最关注的问题。孩子们的成长过程，大部分时间都在校园。学校应该是教育的主阵地。无论是学习知识、培养素质,还是陶冶情操、完善人格,学校教育都是至关重要的。同样,孩子的教育也同样离不开家庭,家庭教育要与学校教育紧密结合起来。如果责任边界模糊,就会阻碍学校之间的顺利沟通,影响家校共育的效果。随着群聊的普及,几乎每个班级都会建立微信群,以便家长与老师之间随时沟通。

置顶的微信群

"说的还真是,现在孩子的教育需要家长的与学校的共同参与,我们传统的教育观念是应该转变了。"和刘哥聊着的过程中,旁边的李姐也有了兴趣,加入我们的聊天。"不怕你们笑话,给你们看看我微信页面,把孩子的班级群都置顶了,班主任的微信更是在一开始就置顶了。我小时候上学家长从来不管我们的学习,就连家长会都很少参加。现在不同了,我们作为家长的也很想了解孩子在学校的状况,不光是学习成绩,也包括和同学的人际关系以及日常都在学校的活动。但是孩子有时候放学后不愿意告诉我们,或者因为我们工作忙无法天天与孩子进行长时间的沟通,这就容易造成关系的疏远。"边说着边拿出手机,页面的第一页都是被置顶的群,包括学校的班级群、课后补课班的群、班主任的微信、补课班老师的微信整整占了一页。"我们一天刷新微信就想看微信群里有没有新的消息。老师们会把当天的学习内容、课堂表现、课后作业等事项,通过班级群进行反馈。有活动的时候老师还习惯将课堂上孩子们的精彩表现、优秀作业等拍成照片、视频的形式,放在班级群里分享。孩子的学习状态或者情绪有什么变化班主任就会及时通过微信联系我们,也让我们的关系更紧密了。最主要的是老师也会在群里分享家长如何教育孩子,特别是正处在青春期的孩子,这也是让我们参与到孩子教育过程。"

班级群在如今已经非常普遍,最初家长不理解班级群的建立的意义,甚至是把它当成负担,如今却深深依赖班级群,这也是家校共育视域下的一个典型途径。首先,方便信息沟通。班级群作为一个集中的交流平台,方便了家长与学校之间的信息沟通。家长可以通过班级群及时了解班级、学校以及教师发布的通知、考试安排、作业要求等重要信息。同时,也可以分享学生的学习心得、讨论问题、互相帮助解决难题。其次,资源共享。家长可以将自己孩子整理的学习资料、笔记、课件等分享到班级群中,供其他同学参考和学习。同时,教师也可以将一些教学资源、学习资料等发布给学生与家长,方便学生进行学习,提高学习质量与效率。最后,班级管理。教师可以通过班级群进行学生的考勤管理、作业布置和批改、成绩录入等工作。也可以用来组织班级活动、集体讨论等,加强班级的凝聚力和活跃度。可以说班级群作为一个家校共育的平台,具有方便信息沟通、资源共享和班级管理等多种作业和目的。

笔者调研时发现如今家长已经转变传统观念,更看重也更认同家校共育理念。首先家校共育,关键在"共"。学校和家庭的互相配合程度,影响着孩子的成长和发展。学校教育是主体,是对学生进行素质教育的最重要场所;家庭教育是基础,是对学校教育的必要补充。老师应担负起教书育人的本职责任,同时家长也时刻牢记"父母是孩子的第一任老师"。学校教育不应当由家庭代劳,家庭教育也不能完全推给学校与老师,相互合作、相互包容,家校合作育人,才能达到"1+1>2"的效果。家长所关注的孩子的情感交流、教育目的的探讨、成绩的情况都能在这之间得到回应。以学生为主,以家长为本,让家长成为家校合作内容和形式的引领者与创造者。例如,加强家委会建设,吸纳家长代表参与学校重大决策过程。让家长当家做主,真正参与家长学校的课程内容和实施形式。学校要创设条件让家长走进学校,在校内为家长设置各类活动区域,以开放的空间为家长提供服务,让家长多角度"看见"学校、理解学校,为家校间平等、民主互动打下良好基础。其次家校共育,目标在"育"。家长深刻意识到自身与学校有一个共同的目标就是教育培养孩子,为了孩子健康成长,全面发展。因此自身从"旁观者"到"共育者"在观念中有了转变,推动其在教育中加强自身的责任感。

第六章 乡村秩序的变迁

"乡村秩序"是指在乡村社会中,通过传统文化、社会规范和法律法规所形成的行为准则与社会关系网络。这种秩序维护了村民之间的和谐与稳定,促进了家庭、亲属和社区的紧密联系,同时也为经济活动的有序进行提供了保障。我国乡村秩序的变迁经历了深刻而多维的变化,体现出社会、经济、文化、治理等多个维度的动态演进。首先,在社会结构方面,随着城镇化进程的加快,大量农村劳动力向城市流动,导致传统村落人口结构发生显著变化,年轻劳动力外流,留守老年人和儿童成为乡村常住人口的主要构成。由此引发的家庭结构变化和社会关系的重组,对传统的乡村秩序提出了新的挑战与调整需求。

第一节 传统的乡村秩序

我国农牧社会的传统乡村秩序建立在自然资源的使用、家族和宗族关系、社会习俗与道德规范的基础上,呈现出鲜明的地域特色和社会结构特征。在农耕社会中，乡村秩序主要依靠以血缘为纽带的家族和宗族组织。宗族中的族长和家族长者在社会治理中扮演重要角色，利用家规族训、村规民约来维护社会秩序。村落内部的土地分配、婚姻关系、纠纷调解等事务多由家族内部或村庄集体决策，传统的礼教和儒家伦理在规范村民行为、促进社会和谐方面起到了关键作用。在牧区社会中，乡村秩序更多地依赖于草场和水源的管理使用。游牧生产方式要求各氏族或部落之间有明确的边界和资源共享机制。部落首领或家族长者负责协调资源分配、组织生产活动，并通过宗教信仰（如萨满教或藏传佛教）和习俗法来调节社会关系、维护内部稳定。传统乡村秩序都高度依赖于地方性规范和习俗，强调集体利益和社会和谐。然而，随着现代化和市场经济的发展，传统乡村秩序逐渐向法治化、行政化方向转变，传统的习俗法和道德规范逐步被现代法律体系和国家行政管理所取代。

一、传统乡村秩序的基础

（一）家族和宗族关系在乡村社会中的核心地位

家族和宗族关系在我国乡村社会中具有核心地位，构成了乡村社会的基础结构和治理机制。这种关系不仅深刻影响了乡村社会的经济、文化和政治生活，还在维护社会秩序、凝聚社区力量方面发挥了重要作用。

家族是指以血缘关系为基础的家庭群体，通常包括直系亲属和旁系亲属，涵盖了多代同堂的家庭结构。家族成员之间因血缘纽带而形成紧密的经济、社会和情感联系。宗族则是指以家族为基础进一步扩展的社会组织，一般由同一祖先的多个家族构成。宗族的组织形式更为庞大和复杂，其内部存在明确的族谱、祠堂、族规等制度，以加强族人的凝聚力和认同感。

在中国漫长的历史发展中，家族和宗族关系一直是乡村社会的重要组成部分。古代中国社会以农业为主，土地是最主要的生产资料。为了保障土地的长期经营和世代传承，家族和宗族逐渐成为乡村社会的核心单位。儒家思想的兴起进一步强化了家族和宗族的伦理规范，强调孝悌忠信、尊祖敬宗，这些观念成为维系家族和宗族关系的重要文化基础。

家族和宗族在乡村社会中的核心地位首先体现在社会治理和秩序维护方面。在传统乡村社会中，家族和宗族承担了社会治理和秩序维护的重要角色。宗族内部的长者、族长或族老通常负责处理内部事务，调解纠纷、主持祭祖仪式、制定并执行族规族训。这种治理模式在很大程度上依赖于家族内部的权威和宗族长者的威望，具有较强的社会控制力和稳定性。其次，在土地和资源的管理方面，土地是农业社会最重要的资源，家族和宗族通过内部的土地分配和资源管理制度，保障了土地的有效使用和家族的经济利益。宗族常常拥有公有土地（族田）和公共财产（如祠堂），这些资源不仅用于家族内部的生产生活，也为宗族活动提供经济支持。第三，在文化传承与教育方面，家族和宗族是传统文化传承的重要载体，通过家谱的编撰、家规的制定、宗族祭祖等活动，维护了家族的历史记忆和文化认同。此外，家族内部的长者对年轻一代进行道德教育、传授生活经验，促进了家族文化和价值观的延续。第四，在社会保障与互助方面，在传统乡村社会中，家族和宗族还承担着社会保障的功能。由于社会福利制度的缺乏，家族成员之间通过相互扶助、集体劳动、共同祭祀等方式，提供基本的生活保障和精神支持。宗族的互助网络在应对自然灾害、家庭变故、婚丧嫁娶等重大事件时，发挥了重要的互助和救济作用。最后，在政治参与与权力结构方面，在许多乡村地区，家族和宗族还影响着地方政治的权力结构和运作方式。村庄的领导通常由具有一定威望的家族长者担任，村民委员会的选举和决策往往受到宗族势力的影响。通过宗族的力量，地方精英能够动员家族成员参与政治活动，形成强大的社会力量，左右地方治理的走向。

随着社会的现代化进程和国家治理体系的完善，传统的家族和宗族关系面临着转型与挑战。一方面，市场经济的发展和人口的流动性增加，削弱了家族和宗族对土地和资源的控制力，导致家族和宗族的经济基础发生动摇。另一方面，现代法律体系的建立和国家行政力量的深入，使得宗族在乡村社会治理中的作用逐渐让位于现代化的基层治理机制。此外，年轻一代对家族和宗族文化认同的弱化，也使得宗族的凝聚力和影响力不断下降。在许多地方，传统的宗族活动（如祭祖、修谱等）逐渐式微，取而代之的是更多元化的社会交往和现代生活方式。

尽管面临挑战，家族和宗族关系在某些地区和特定情境下依然具有重要意义。它们不仅是社会资本的重要来源，也在基层治理、社区建设、文化传承等方面发挥着独特的作用。在一些地方，家族和宗族成为维护社会稳定和促进乡村振兴的重要力量。如何在现代化进程中有效整合家族和宗族的资源和优势，实现乡村治理现代化，是当前农村社会治理面临的重要课题。

家族和宗族关系在我国乡村社会中具有深远的影响和广泛的核心地位。它们不仅是维系乡村社会稳定的重要力量，也在经济、文化和政治生活中发挥着关键作用。随着现代化进程的推进，家族和宗族关系面临转型和挑战，但其在维护社会秩序、促进社区发展方面的潜力依然不可忽视。未来的乡村治理应在尊重传统的基础上，探索家族和宗族在现代社会中的新角色与新功能，为乡村振兴和社会和谐提供有力支持。

（二）乡绅、族长等在乡村治理中的作用。

乡绅和族长在我国传统乡村治理中扮演着重要的角色，他们通过自身的社会地位、财富和声望，承担了维系乡村秩序、调解纠纷、组织公共事务、执行道德规范的责任，充当了国家行政力量与乡村社会之间的纽带。

乡绅通常是乡村中的地主、士绅或地方精英，他们拥有一定的经济实力、文化素养和社会威望，在乡村中居于上层地位。族长则是宗族中的领袖，通常由年长或德高望重的家族成员担任，负责族内事务的管理和协调。乡绅和族长的地位来源于其对土地、财富、文化知识的掌控，以及他们在地方上的影响力。

在传统乡村社会中，国家的力量无法深入到乡村的每个角落，乡绅和族长因此成为地方事务管理的重要人物。他们在村庄中承担了许多准行政职能，如调解村民之间的纠纷、维护社会秩序、组织公共建设项目（如修路、建桥）、主持婚丧嫁娶等重大事务。这些活动不仅有助于维持乡村的社会和谐，还填补了国家行政力量的空缺。乡绅和族长在乡村社会中还承担了道德规范的执行者角色。他们依靠儒家伦理道德，如孝道、忠诚、和睦等，来规制村民的行为。通过家规、族训、礼仪制度等，乡绅和族长确保了乡村内部的社会秩序和道德标准的维持。在许多地方，他们的威望和权威远胜于法律，具有强大的社会控制力。同时作为地方上的精英阶层，乡绅通常具有较高的文化素养，他们不仅自身参与科举考试和仕途，还是地方文化教育的推动者。乡绅常常捐资兴建私塾、书院，资助贫困家庭的子女读书，通过推动教育提升乡村的文化水平。在一些地区，乡绅还会通过讲学、出版族谱等方式，强化宗族观念和传统文化的传承。在传统乡村社会中，正式的法律制度对村民日常生活的影响较为有限，许多纠纷和冲突依靠乡绅、族长等地方精英调解解决。乡绅和族长不仅具有法律知识和道德权威，还在村民心中有很高的威信，这使得他们在纠纷调解中发挥了重要作用。无论是邻里纠纷、土地争议，还是家族内部的矛盾，乡绅和族长的调解通常能够避免冲突激化。乡绅和族长是乡村社会与国家行政体系之间的重要中介。他们一方面作为国家行政力量的延伸，协助政府征收赋税、招募徭役、传达政策等；另一方面，他们也代表乡村居民的利益，维护乡村社会的稳定和利益。这种双向沟通的作用使得乡绅和族长在乡村治理中处于关键位置。在乡村社会的公共事务中，乡绅和族长常常是关键的组织者。无论是修建基础设施、举行集体祭祀、组织村庄的安全防范，还是处理灾害救援、筹集资金修建宗祠等，乡绅和族长都发挥了领导作用。他们通过自身的财力、威望和组织能力，动员乡村资源，完成集体事务。乡绅和族长不仅在经济上具有优势，也负责构建乡村内部的互助网络。在一些紧急情况下，乡绅和族长常常提供物资援助，帮助贫困或遭遇不幸的村民，发挥了社会保障的功能。此外，他们在乡村的赈灾、资助、济贫等公共福利事务中发挥了积极作用，增强了乡村的社会凝聚力。随着现代化和国家行政力量的深入，乡绅和族长的传统作用逐渐被国家的基层政权机构所取代。然而，在一些经济欠发达、交通不便的农村地区，乡绅和族长依然在地方事务中具有一定影响力。现代化进程中，如何结合乡村传统的社会结构与现代治理体系，仍是当今农村发展的重要议题。

乡绅和族长在传统乡村治理中通过调解纠纷、维持道德规范、推动文化教育、组织公共事务等多方面的作用，构成了维系乡村社会秩序的重要力量。尽管现代化进程削弱了他们的传统地位，但在一些地区，他们仍发挥着不可忽视的作用。理解乡绅和族长的历史和作用，对于认识中国乡村社会的演变和现代化进程中的治理转型具有重要意义。

二、传统乡村秩序的特点

传统乡村秩序具有鲜明的特点，主要体现在以下几个方面：首先，乡村秩序依赖于深厚的家庭和宗族关系，这些关系构成了乡村社会的基本单元，强化了成员之间的相互支持与约束。家族观念和宗族纽带不仅是个体身份的来源,也为社会提供了稳定的伦理基础。其次,乡村的治理往往以道德规范和习俗为主,而非法律制度,村民遵循共同认同的价值观和行为准则,通过传统的礼俗和习惯进行自我管理和约束。由此,乡村内部形成了一种自我调节的能力,减少了外部干预的需求。此外,传统乡村秩序强调集体主义精神,个体行为常常受到集体利益和社会期望的影响。在集体活动、节庆和宗教仪式中,村民们通过共同参与,增强了社会的凝聚力和认同感。这种集体主义不仅体现在经济和社会生活中,也渗透到情感和文化认同层面,使得乡村社会具有强烈的归属感。最后,乡村秩序的稳定性往往依赖于自然环境和地理条件的影响,传统农业生产模式使得村民与土地之间形成紧密的联系,经济活动与自然环境息息相关。这种环境依赖性不仅塑造了乡村的生产方式,也影响了人们的生活习惯、文化传统和社会结构。传统乡村秩序是由家庭和宗族关系、道德与习俗、集体主义精神以及自然环境等多重因素交织而成的,形成了一种相对稳定而和谐的社会结构,尽管在现代化进程中面临挑战,但其核心价值和功能仍在许多地方发挥着重要作用。

(一) 以道德和礼俗为基础的治理模式

以道德和礼俗为基础的治理模式,强调伦理道德与社会习俗在国家治理中的重要性。这种模式认为,良好的社会风气和道德规范能够有效地促进社会和谐与稳定。道德作为治理的根本,强调公民的自觉与自律,以德治国,倡导政府官员和普通民众都应遵循诚实、正直、互助等道德标准,从而形成一种内生的治理力量。礼俗则是指社会约定俗成的行为规范与习惯，通过礼节和社会规范的引导，增强人们的责任感和归属感。

在这种治理模式中，政府的职能不仅限于法律的执行，更在于引导和塑造社会的道德标准。通过宣传和教育，强化公民的道德意识，使其自觉践行社会责任。同时，礼俗的力量也不可忽视，传统习俗和文化能够凝聚人心，促进社会的团结与合作。比如，在社区治理中，通过组织传统节日活动和公益活动，增强居民的归属感与互动，形成良好的邻里关系。此外，以道德和礼俗为基础的治理模式还强调治理的参与性与包容性，鼓励民众参与公共事务，形成广泛的社会共识。在此过程中，政府应倾听民意，尊重民众的传统和习惯，使治理更具人性化，增强社会的凝聚力。

总之，这种治理模式通过道德和礼俗的结合，为实现社会的长治久安提供了重要的理论支撑和实践指导，强调了人心的力量和社会的自我调节能力，是现代治理的重要补充。

(二) 德治的柔性约束与社会稳定

德治作为一种治理理念，强调通过道德的力量来实现社会的柔性约束与稳定。与传统的法律制约相比，德治更多地依赖于人们内心的道德自觉和社会共识，以达到一种自我约束的状态。在这一模式中，道德规范不仅仅是外在的要求，而是融入个体的日常生活和社会互动中，促使人们自觉遵循。通过培养公民的道德情操与社会责任感，德治能够在潜移默化中引导行为，增强社会的凝聚力和向心力。在德治的框架下，社会稳定的实现依赖于道德价值观的普及与内化。当人们普遍认同并践行诚实、正义、互助等道德原则时，社会矛盾自然会减少，人与人之间的关系更加和谐。这种稳定不仅体现在法律层面，更体现在人际关系、社区联系和社会信任上。德治强调教育与引导，通过道德教育、文化传播和榜样示范，培养良好的社会风尚，使个体在道德感召下自觉维护社会的和谐与安全。此外，德治还注重社会的参与性与包容性，通过建立道德共识，增强公众对社会事务的参与感和归属感。当人们在参与社会治理的过程中感受到道德责任与使命时，他们更愿意为维护社会稳定贡献自己的力量。这种自下而上的治理模式，使社会的稳定不仅依赖于政府的强制力，更依赖于民众的自觉行动。德治的柔性约束通过道德自觉的培养、社会共识的建立和民众参与的鼓励，实现了社会的和谐与稳定，为现代治理提供了一种有效的路径。

第二节 现代乡村秩序的重构

一、影响乡村秩序变迁的因素

（一）城镇化、工业化对传统乡村社会的影响

城镇化和工业化对传统乡村社会产生了深远的影响，深刻改变了乡村的经济、社会结构和文化面貌。首先，随着城市化进程的加速，大量农村人口涌向城市寻求更好的就业机会和生活条件，导致了乡村人力资源的流失。这种"人口迁移"现象不仅削弱了乡村的劳动力基础，也使得农村家庭结构发生了变化，许多年轻人离开家乡，留下年迈的老人和儿童，形成了

"空心化"现象，影响了乡村的社会活力和家庭功能。其次，工业化带来了生产方式的根本转变，传统的农业经济逐渐被工业经济所取代。农村地区的经济活动多样化，出现了以农业为基础的多元化产业体系，如乡村企业和合作社等。这种变化虽然提高了农村的经济收入，但也导致了对土地的过度开发和环境的压力，许多乡村面临土地资源的枯竭和生态环境的恶化。在社会结构方面，城镇化与工业化加剧了城乡差距，乡村与城市之间的经济、教育、医疗等资源配置不均衡，使得乡村居民的生活水平和发展机会受到限制。这种不平等不仅体现在物质条件上，也体现在社会认同和文化自信上，许多乡村居民感受到与城市生活的隔阂，产生了自卑感和失落感。文化方面，城镇化和工业化带来的现代价值观和生活方式冲击了传统乡村社会的文化认同。传统的家庭观念、乡村习俗和地方文化逐渐被外来文化所取代，年轻一代对传统文化的认同感减弱，乡村独特的文化景观和人文精神面临消失的风险。此外，随着外来消费文化的进入，乡村的生活方式和价值观发生了变迁，物质消费主义逐渐取代了以道德和人际关系为核心的传统价值观。然而，尽管城镇化和工业化给传统乡村社会带来了诸多挑战，也为乡村振兴和可持续发展提供了新的机遇。政府和社会各界开始重视乡村的建设与发展，通过实施乡村振兴战略，促进农业现代化、农村基础设施建设和社会服务体系完善，努力提升乡村的生活质量与发展水平。同时，乡村的生态保护和文化传承也逐渐受到重视，许多地方探索出结合现代化与传统文化的创新路径，力求在发展中保留乡村的文化特性与生态环境。城镇化和工业化对传统乡村社会的影响是复杂而深远的,既带来了挑战,也提供了机遇。如何在保持乡村独特性与传统文化的基础上,实现经济发展和社会进步,是当今时代亟待解决的重要课题。

二、现代乡村秩序重构的路径

(一)法治在乡村治理中的逐步强化:从村规民约到法律制度的过渡

法治在乡村治理中的逐步强化,体现了从村规民约到法律制度的历史性过渡。这一转变不仅是对传统乡村治理模式的革新,也是实现乡村社会现代化、法治化的重要步骤。

在传统乡村,村规民约是村民自我管理、自我约束的重要工具。这些规约通常是根据地方习俗、道德规范以及历史经验制定的,反映了村民共同的价值观念。村规民约在维持乡村秩序、调解纠纷、促进互助方面发挥了重要作用。由于其灵活性和适应性,村规民约能够较好地满足村民的实际需求,营造了良好的社会氛围。

随着社会的发展和外部环境的变化,村民的法治意识逐渐增强。特别是国家法治建设的推进,使得法律在乡村治理中的重要性日益凸显。村民开始认识到,仅靠村规民约已无法应对复杂的社会矛盾和纠纷,法律的介入成为必然趋势。法律不仅提供了更为明确的规范和保障,还能为村民提供更为公正的解决途径。

在法治意识提升的背景下,国家通过一系列政策推动法律制度进入乡村治理。首先是法律宣传和教育的加强，使村民对法律知识的了解不断加深。其次，各级政府设立法律服务站、法律援助中心，为村民提供咨询和帮助，促进法律在乡村的普及。此外，村委会也逐渐承担起法律宣传的责任，通过组织法律知识讲座、发放法律宣传资料等方式，提高村民的法律素养。在这一过渡过程中，村规民约与法律制度并非相互排斥，而是可以有效结合。许多地方在制定村规民约时，开始吸收法律规定，将法律制度的精神融入地方治理中。例如，村规民约可以在法律框架下进行制定，确保其合法性和有效性。这样的结合不仅有助于提升村规民约的权威性，也能增强法律在乡村治理中的适应性。

尽管法治在乡村治理中逐步强化，但仍面临诸多挑战。例如，部分地区法律意识仍较为薄弱，村规民约的影响力依然较大，导致法律执行力度不足。此外，法律服务资源的缺乏和法律人才的短缺，也制约着法治在乡村的深入推进。随着乡村振兴战略的实施，法治在乡村治理中的作用将愈加重要。加强法律制度的建设、提升法律服务的可及性，以及推动村民参与法律治理，将是实现乡村社会治理现代化的重要路径。通过法律与传统乡村治理的有机结合，推动乡村治理向更加法治化、规范化的方向发展，最终实现和谐稳定的乡村社会。

(二) 法治与德治的有机结合

法治与德治的有机结合是现代社会治理的重要理念，尤其在乡村治理中显得尤为关键。法治强调法律的权威性和公正性，通过明确的法律规范和制度保障社会秩序与公民权利的实现。而德治则关注道德规范的培育与人文精神的弘扬，强调通过道德力量感化人心，促进社会成员自觉遵循社会规范。法治与德治并不是对立的，而是互为补充、相辅相成。法治为德治提供了制度保障和约束力，确保社会公平正义的实现；而德治则通过道德引导和自我约束，在潜移默化中提升社会伦理水平和人际信任，从而为法治的有效实施创造良好的社会环境。特别是在乡村治理中，法治与德治的结合具有重要的现实意义：首先，乡村面临着法律意识薄弱与道德规范缺失的双重挑战，只有通过法治与德治的融合，才能增强村民的法治意识和道德自觉，形成良好的乡村治理氛围；其次，村规民约的制定可以将法律原则与地方道德规范相结合，使治理模式更具可操作性和认同感；最后，通过加强道德教育与法治宣传，鼓励村民共同参与乡村治理，形成法律与道德双重约束的机制，推动乡村的可持续发展与和谐社会的构建。在这个过程中，政府、社会组织以及村民自身都应积极参与，形成合力，共同推进法治与德治的有机结合，为实现乡村振兴和社会和谐提供坚实的基础。

（三）法治为主、德治为辅的乡村治理模式

在当今时代，法治为主、德治为辅的乡村治理模式逐渐成为推动乡村振兴的重要路径。这一模式强调在治理过程中，法律作为基础和核心，发挥规范和约束的作用，确保乡村社会的有序运转与公民权利的保障。同时，德治则作为辅助力量，旨在通过道德教育和社会风气的培养，提升村民的道德素养和社会责任感，从而增强自我管理和自我约束的能力。具体而言，法治为主意味着在乡村治理中要建立健全法律法规，明确权利和义务，制定村规民约，以法律手段维护村民的基本权益，解决矛盾纠纷，实现公平正义。而德治为辅则强调通过道德引导、文化建设和精神文明的提升，营造良好的乡村风气，促进邻里之间的和谐关系，使村民在潜移默化中自觉遵守法律和道德规范。该模式的优势在于，通过法律的强制力和道德的感召力，形成一套完整的治理体系，使法治与德治相互促进，形成合力。在实施过程中，政府应发挥主导作用，推动法律知识的普及和道德教育的开展，增强村民的法治意识和道德自觉。同时，可以通过建立多元化的参与机制，鼓励村民积极参与到治理中来，借助村民自治组织，推动法治与德治的有效结合。此外，乡村治理还需结合当地实际，灵活运用法律与道德的手段，以适应不同村庄的具体情况，确保治理措施的有效性和可行性。举例来说，在一些乡村，法律的实施可以通过建立公正的纠纷调解机制来实现，确保村民在遇到问题时能够依赖法律手段维护自己的权益。而德治的实施则可以通过组织道德讲堂、开展文艺活动等方式，提升村民的道德认知与行为自觉。通过这种法治与德治的有机结合，乡村治理能够更为有效，既能保障村民的合法权益，又能促进良好的社会风气，从而实现乡村的和谐发展。总之，法治为主、德治为辅的乡村治理模式，既反映了现代治理理念的趋势，也符合乡村发展的实际需要。通过法律与道德的双重保障，能够有效提升农村治理的科学性与适应性，推动乡村振兴战略的深入实施，最终实现全面建设社会主义现代化乡村的目标。

(四) 德治在法治框架下的创新与发展

在法治框架下，德治的创新与发展成为社会治理现代化的重要组成部分，既推动了法治的深入实施，又为社会的良性发展注入了道德力量。德治的核心在于道德规范和价值观的传播与践行，其创新主要体现在如何有效融入法治体系，形成以法治为基础、德治为补充的治理模式。首先，德治的创新发展需要与法律法规紧密结合，通过法律的权威性来增强道德行为的约束力。例如，在法律框架内建立道德奖惩机制，将道德行为与法律责任相结合，使遵循道德规范的行为不仅受到社会的认可，也能获得法律的保护。这种结合不仅提升了德治的权威性，也增强了法治的温度，使法律不仅仅是冰冷的条文，而是充满人文关怀的规范。其次，德治的创新还体现在道德教育和宣传方式的多样化。在信息技术迅速发展的背景下，利用新媒体平台进行道德教育和法律知识的传播，能够更有效地触达公众。通过短视频、微信公众号等形式，将法律知识与道德教育相结合，以生动的案例和易懂的语言，使广大群众能够在潜移默化中接受法治和德治的理念。同时，社区、学校、企业等各类社会组织也可以发挥作用，开展丰富多彩的德治活动，如道德讲堂、志愿服务、社区互助等，增强公众的道德认同和社会责任感。此外，德治在法治框架下的创新发展还应注重对德治实践的评估与反馈。建立科学的评价体系，通过对德治实施效果的评估，及时发现问题并进行调整，确保德治措施的有效性与可持续性。同时，鼓励社会各界参与德治实践的监督与反馈，增强社会共治意识，使德治的实施更加透明与公正。最后，德治的创新与发展还应关注文化自信的培育，通过弘扬中华优秀传统文化，增强民族认同感和凝聚力。在法治框架下，结合地方特色与文化资源，推动传统美德的传承与创新，培养村民的道德自觉和社会责任感，使德治不仅仅停留在口号上，而是成为一种普遍的社会风尚。德治在法治框架下的创新与发展，是一个动态的、系统的过程，需要法律、道德、文化等多方面的协同作用。通过法治与德治的有机结合，不仅可以提升社会治理的整体效能，也能够促进社会的和谐与进步，为实现全面建设社会主义现代化国家的目标提供坚实的道德基础与法律保障。

第七章 成果共享：民生保障日益完善

在社会发展过程中，民生保障体系日益完善，通过建立覆盖广泛的社会保障网络，包括养老保险、医疗保险、失业保险和住房保障等，有效提升了居民的生活质量和安全感。政策的持续优化和资源的合理配置，使得不同群体，尤其是弱势群体，能够平等地享受到改革与发展的红利。这种成果共享不仅促进了社会的和谐稳定，也增强了公众的幸福感和获得感，为实现全面建成社会主义现代化国家奠定了坚实基础。

第一节 人居环境的改善

人居环境的改善在乡村社区发展中至关重要，它不仅提升了居民的生活质量和幸福感，还促进了经济发展和社会稳定。良好的居住条件、卫生设施和公共服务能够吸引更多人才和资源流入乡村，激发社区活力。此外，优美的环境和丰富的文化活动增强了居民的归属感与参与意识，推动了乡村可持续发展和城乡一体化进程。因此，人居环境的改善是实现乡村振兴目标的基础和关键。

一、基础设施日益完善

基础设施的完善为经济增长、社会进步和生活质量提升提供了必要支撑。良好的交通、供水、电力和通信设施能够促进农产品流通、吸引投资、提升教育和医疗服务，进而增强乡村的竞争力和吸引力。同时，基础设施的改善有助于促进城乡一体化，缩小城乡差距，推动可持续发展。因此，基础设施建设是乡村振兴战略的核心环节，直接影响着乡村的未来发展潜力。

（一）道路交通的建设

近年来，陶利嘎查在乡村振兴战略的引导下，重点关注基础设施建设，尤其是道路交通的完善。良好的道路交通是乡村发展的基础，它不仅方便了居民的日常出行，还促进了农产品的流通，提升了乡村经济的活力。因此，陶利嘎查"两委"认识到，改善道路条件是推动乡村发展的关键举措。

在这一过程中，驻地企业的支持显得尤为重要。2023年，采气三厂向陶利嘎查资助50万元，采气四厂则资助了200万元，总计达到250万元。这笔资金的注入为道路建设提供了强有力的经济支持，确保了项目的顺利推进。

首先，资金的到位使得道路建设项目得以迅速启动。嘎查内的道路状况改善了许多，原本泥泞不堪的土路变成了平坦的水泥路，不仅提高了道路的通行能力，也大大减少了雨季带来的出行困难。这一变化不仅方便了当地居民的出行，也吸引了外来投资，提升了嘎查的经济活力。

其次，完善的道路交通系统促进了农产品的流通。以往，农牧民将自产的农牧产品运往集市需耗费大量时间，交通不便导致了农产品的损失。而现在，新的道路网络使得农民能够更快捷地将新鲜的农产品运输到市场，提升了销售效率，增加了农民的收入。这不仅改善了农民的经济状况，还激发了他们的生产积极性，为乡村经济发展注入了新动力。

此外，基础设施的完善还促进了乡村旅游的发展。陶利嘎查依托优美的自然风光和独特的乡村文化，积极发展乡村旅游。随着道路交通的改善，越来越多的游客选择到陶利嘎查游玩，带动了当地的餐饮、住宿等相关产业的发展。这种良性循环不仅增加了村民的就业机会，也提升了居民的生活质量，进一步巩固了乡村振兴的成果。

最后，陶利嘎查在推动基础设施建设的过程中，还注重与驻地企业的合作。企业的资助不仅仅是资金的支持，更是对乡村振兴的责任感和使命感的体现。通过这种合作，双方能够共同探索更多的发展模式，实现互利共赢。这一模式不仅提高了项目的效率，也为其他乡村的基础设施建设提供了宝贵的经验。总的来说，陶利嘎查在道路交通建设方面的努力，得到了企业的支持，体现了政府、企业和社区之间的良好合作关系。

（二）互联网的覆盖

通信设施的完善和互联网的覆盖对乡村发展至关重要。它不仅提升了信息获取和交流的效率，还促进了农村经济的数字化转型，使农民能够更便捷地参与电商、在线教育和远程医疗等新兴领域。这种信息化的推进不仅改善了居民的生活质量，还增强了乡村的吸引力，吸引了更多的人才和投资。此外，互联网还促进了农村文化的传播和乡村治理的透明化，推动了社区的凝聚力和活力，从而为实现乡村振兴目标奠定了坚实基础。

随着科技的迅猛发展，信息通信技术在农村地区的普及程度不断提升，陶利嘎查作为乡村振兴战略的实践者，近年来在通信设施的建设上取得了显著成就。每家每户普遍拥有智能手机，互联网的覆盖率大幅提高，微信群成为村民交流和获取信息的重要平台。这一系列变化不仅改变了村民的生活方式，也推动了乡村经济、文化和社会的全面发展。

基础设施的完善使得村民能够方便快捷地访问互联网，获取所需的信息。智能手机的普及，让每个人都能随时随地与外界保持联系。尤其是微信群的广泛应用，成为村民日常沟通和信息交流的重要渠道。

微信群的存在使得信息的传递变得迅速而高效。在这个平台上，村民可以及时分享天气信息、市场动态、农业技术等重要信息。这种信息的互通，减少了信息不对称带来的损失，使得农民能够做出更为科学的决策，提升了农业生产的效率。例如，农民可以迅速了解到天气变化，合理安排耕种时间，从而最大限度地减少自然灾害的影响。

通信设施的完善不仅提升了信息的获取效率，也为农村经济的发展创造了条件。随着互联网的普及，陶利嘎查的农民能够通过电商平台将农产品直接销售给消费者，打破了传统销售渠道的限制。这一转变不仅提升了农民的收入，也促进了农村经济的多元化发展。通过微信群，农民们可以相互推荐产品，开展合作销售，形成了良好的商业生态。

微信群的使用不仅促进了信息的传递，也增强了社区的凝聚力。村民通过微信群相互关心、支持，形成了良好的邻里关系。这种信息共享的平台使得村民能够在遇到困难时寻求帮助，增强了社区的互助意识。此外，微信群还成为村内活动的宣传和组织平台，提升了村民的参与感和归属感，推动了乡村文化的传播和发展。

随着通信设施的完善，陶利嘎查的文化传播方式也发生了深刻变化。村民可以通过网络获取丰富的文化资源，参与在线教育，提升自身素质和技能。这种文化的传播不仅丰富了村民的精神生活，也为乡村的可持续发展提供了智力支持。同时，微信群成为文化活动的宣传窗口，促进了传统文化的传承和发扬。

陶利嘎查通信设施的日渐完善，为乡村发展注入了新的活力。信息的互通与交流不仅提升了村民的生活质量，也促进了经济的可持续发展、文化的传播以及社区的凝聚力。

二、生态环境治理有效

生态环境治理是乡村振兴战略中的重要组成部分。首先，良好的生态环境是乡村可持续发展的基础，能够提高居民生活质量，吸引人才和资本回流。其次，生态环境治理有助于保护和恢复自然资源，促进农业、旅游业等绿色产业的发展，提升乡村经济活力。此外，生态文明理念的推广和实践还能增强乡村居民的环保意识，推动社会整体文明程度的提升。

近年来，随着生态文明理念的深入宣传，陶利嘎查农牧民的环保意识和法律意识不断增强。第一，农牧民认清自身在生态环境治理中的主体地位，意识到他们不仅是环境恶化的受害者，更是保护和治理生态环境的重要参与者。农牧民在生态环境治理中扮演着不可或缺的主体角色。他们不仅是环境恶化的受害者，更是生态保护与治理的重要参与者。在过去，由于一些不合理的生产和生活方式，农牧民的生计与生态环境之间的矛盾日益突出，导致土地退化、水源污染等问题频发。然而，随着环保意识的提升和政策的引导，农牧民逐渐认识到自身在生态环境治理中的责任和作用。

陶利嘎查的农牧民在日常生活中积极践行环保理念，通过多种方式参与到生态环境治理中。首先，在农业生产方面，农牧民开始推广有机农业，减少化肥和农药的使用，采用生态轮作和种植绿肥等方法，以提高土壤的健康水平。此外，他们也积极参与植树造林活动，恢复生态功能，改善村庄周边的自然环境。其次，在水资源管理上，陶利嘎查的农牧民意识到水资源的宝贵，纷纷采取节水措施，推广滴灌和喷灌技术，确保水资源的高效利用。同时，他们积极参与河流的清理和保护行动，抵制乱倒垃圾和污水排放的行为，努力维护水体的清洁。

此外，陶利嘎查的农牧民还通过组织社区活动，提升环保意识。他们定期开展环保宣传活动，向村民普及环保知识，鼓励大家参与垃圾分类和回收。这些行动不仅增强了农牧民的环保意识，也增强了社区的凝聚力和共同责任感。

第二，农牧民主动参与到农村生态环境的治理中，充分发挥他们对当地自然环境和社会情况的了解，利用"土著"优势，推动生态环境的改善。由于对土地的深厚感情，农牧民在生态治理中展现出独特的主动性和创造力。嘎查每春季都会举行植树活动，农牧民们自发参与，甚至全家齐上阵，携带树苗到指定地点栽种。他们根据当地的土壤和气候条件，选择适合的树种，确保树木的成活率和生态效益。此外，嘎查还设立了"绿色家庭"评选活动，鼓励农牧民在自家庭院和农田周围种植树木和花草，以提升环境质量。通过这些措施，许多农牧民不仅改善了自家的居住环境，还为村庄增添了自然美景。

第三，农牧民积极学习和实践绿色生产方式，减少对生态环境的污染和破坏，倡导可持续的农牧业生产和生活方式。农牧民们的环保意识和责任感不断增强。有一次，在进行入户调查时，一名司机在草场附近开车，意外地轧到了牧民的草场，导致部分草地受损。牧民对此感到非常愤怒，立即上前进行批评教育。他们向司机解释，草场是他们赖以生存的重要资源，破坏草场不仅影响了他们的经济收入，也破坏了生态环境。经过一番耐心的沟通，司机意识到了自己的错误，表示将来会更加注意行车路线，尽量避免对牧民的草场造成影响。这一事件不仅展现了农牧民的环保意识和对生态的保护心态，也让外部人员意识到他们在生态环境治理中的重要性。牧民通过批评教育，不仅维护了自身的权益，也为推动生态文明建设做出了积极贡献。

农牧民在学习和实践绿色生产方式的同时，积极参与到生态环境的保护中。他们的行动不仅改善了生态环境,也为可持续发展提供了有力支持。通过这种方式,农牧民展现了他们在生态治理中的主体地位,推动了乡村振兴的进程。

第二节 医疗健康

在历史上,游牧是陶利居民的主要生计模式,而当地的草药则是保障居民健康的重要元素,中华人民共和国成立后,随着社会的发展以及居民生计方式的转变,对于医疗健康的需求也在日益增强,党和政府对于乡村医疗卫生的工作愈发重视。乡村医疗健康经历了从初步建设到新型合作医疗建立,再到综合保障体系完善的过程。当前,随着数字化和乡村振兴战略的推进,农村医疗健康服务水平不断提升,农村居民的健康保障水平显著提高。

一、我国乡村医疗健康变迁的历程

(一) 历史上的赤脚医生

中华人民共和国成立后,党和政府开始重视农村医疗卫生工作,建立了基层医疗卫生网络,但是对于偏远的牧区来说医疗是最为稀缺的资源。因此,赤脚医生成为农村医疗卫生事业的"顶梁柱",他们在经过短期的医学培训后,便承担起了农村地区基本的医疗服务的重担。赤脚医生是中国农村医疗卫生体系的重要组成部分,其发展历程可以追溯到 20 世纪 50 年代。新中国成立初期,农村医疗条件十分落后,医生资源匮乏,许多农民因缺乏基本医疗服务而影响了生产和生活。为了应对这一挑战，政府决定培养一批既懂医学知识又能服务基层的医疗人员。1965年，国家正式推广赤脚医生的概念，鼓励农村青年在基层卫生院和合作医疗组织中开展医疗工作。

赤脚医生的培养模式主要依靠当地的实践和简易的培训，许多年轻人通过参与学习和实习掌握了基本的医疗技能，如常见病的诊治、农村卫生知识的普及等。这一模式不仅提高了农村的医疗水平，也增强了村民的健康意识。赤脚医生在推动农村卫生事业发展方面发挥了重要作用，他们常常深入田间地头，开展上门服务，解决了大量农民的看病难、看病贵的问题。

随着时间的推移，赤脚医生的角色不断演变。在历史上，他们被赋予了更大的政治和社会责任，成为农村宣传和推广卫生政策的重要力量。然而，随着经济改革的深入，农村医疗体制发生了变化，赤脚医生的地位逐渐下降，很多人转向了其他职业或被淘汰。

尽管赤脚医生的历史使命在新的时代背景下有所改变，但他们在农村医疗健康中发挥的作用依然不可忽视。通过早期的医疗服务，他们为农村的医疗卫生体系打下了基础，培养了一代又一代的农村医疗工作者，推动了公共卫生的改善。如今，虽然已经有了更为专业的医疗人员和设施，但赤脚医生所代表的"脚踏实地、服务基层"的精神依然影响着今天的农村医疗改革。

当前，国家也在积极探索如何恢复和发展农村医疗卫生服务，借鉴过去赤脚医生的成功经验，强调基层医疗的重要性，鼓励更多的医疗人才下乡服务。通过各种方式的培训和政策支持，努力提高农村医疗服务的可及性和质量，以实现全民健康的目标。赤脚医生的故事提醒我们，基层医疗不仅关乎医疗技术的提升，更关乎对农村居民生活质量的关注和改善。

（二）新型农村合作医疗制度

在中华人民共和国成立后，我国一直在尝试着建立农作合作医疗制度，为广大人民群众生命健康保驾护航，但是由于发展较为缓慢，收效甚微。到了20世纪90年代，乡村医疗卫生面临严峻挑战。市场化改革带来的医疗费用上涨，加剧了农民看病难、看病贵的问题。农村医疗设施和服务水平相对落后，许多农民因病致贫、因病返贫。为了应对农村医疗卫生困境，国家开始推行新型农村合作医疗制度（也称"新农合"）。这一制度由政府主导，农民自愿参加，个人、集体和政府共同筹资，为农民提供基本医疗保障。

新型农村合作医疗制度是我国为了解决广大农村居民的医疗保障问题而实施的一项重要政策。2003年，国家启动了新型农村合作医疗（新农合）试点，旨在为农村居民提供基本医疗服务和经济保障。经过几年的发展，到2009年，新农合已在全国范围内推广，覆盖了几乎所有农村地区。该制度通过政府补贴、农民个人缴费以及集体经济支持三方筹资，建立了多层次的医疗保障网络，使农村居民能够以较低的医疗费用获得基本医疗服务。

这一制度的实施，极大地改善了农村居民的就医条件和健康水平，减轻了因病致贫、因病返贫的现象。新农合不仅提供医疗费用报销，还推动了基层医疗卫生服务体系的建设，提高了医疗服务的可及性与质量。此外，它还促进了农村卫生事业的发展，提升了农民的健康意识和自我保健能力。新型农村合作医疗制度的成功实施，不仅体现了国家对农村卫生事业的重视，也彰显了社会保障的公平性和普惠性，对于推动农村经济发展、实现共同富裕具有深远的意义。通过这一制度，广大农村居民的基本医疗需求得到了有效满足，生活质量显著提高，促进了农村社会的和谐稳定。2009年，国家启动新一轮医药卫生体制改革，进一步增强新农合的覆盖面和保障水平，提高农村医疗卫生服务的可及性和质量。2010年，新农合覆盖率逐步提高，农民的医疗保障水平得到显著提升。政府加大对乡村医疗卫生基础设施的投入，改善乡村医院和诊所的条件。2016年，国家推出健康中国2030规划纲要，明确提出要建立覆盖城乡居民的基本医疗卫生制度，加强农村医疗卫生服务体系建设。2018年，新农合与城镇居民基本医疗保险合并，形成城乡居民基本医疗保险制度，进一步提高农村居民的医疗保障水平。

当下，随着信息技术的进步，远程医疗和数字医疗在农村地区逐步推广，解决了部分偏远地区医疗资源不足的问题。国家继续推进健康中国战略，强调预防为主，推动基层医疗卫生服务能力提升。

(三) 医共体：建立完备的医疗体系

医共体（医疗共同体）是指由多个医疗机构、卫生服务提供者及相关社会组织组成的医疗服务网络，通过资源整合和协作，提供连续、综合的医疗服务。医共体旨在提升医疗服务的效率与质量，促进各级医疗机构之间的协作，优化患者的就医体验，尤其是在慢性病管理、健康管理和预防服务等方面，形成"以人为本"的整体健康服务体系。通过信息共享、规范化管理和协同工作，医共体能够更好地满足居民的健康需求，实现健康服务的公平性和可及性。

近年来，乌审旗卫健委着力推进医共体的建设工作，乌审旗医共体通过优化医疗资源配置，加强各级医疗机构之间的协作与联动，成功打造了一条畅通无阻的转诊通道，实现了患者从基层到上级医院、再从上级医院转回基层的顺畅流转的双向转诊。陶利卫生院作为医共体中的重要一环，承担着为广大人民群众提供医疗服务的责任，是老百姓就医的最近选择。卫生院不仅关注患者的治疗需求，还积极参与各族群众的医疗健康管理。为了更好地服务社区，陶利卫生院定期为辖区内群众进行身体检查和疾病预防，开展健康教育活动，帮助居民了解常见疾病的预防知识，提升他们的健康意识。通过这些措施，陶利卫生院致力于为每一位居民的健康保驾护航，确保他们享有更安全、更高质量的医疗服务。

乡村振兴战略进一步实施，农村医疗卫生服务体系得到全方位的加强。政府持续加大对农村医疗卫生的财政投入，推进医疗卫生资源的均衡配置，提升农村居民的健康水平。

二、居民医疗健康观念的加强

（一）对于病情愈发重视

在过去的几十年里，陶利居民对医疗健康观念经历了显著的变迁。这一过程可以概括为从"能扛就扛"到"有病就看"再到"没病体检"三个阶段。

在 20 世纪中后期,尤其是改革开放前后的几十年里,乡村居民的生活条件相对艰苦,物资匮乏,医疗资源有限。彼时,"能扛就扛"是大多数乡村居民对待疾病的普遍态度。农村经济发展水平低,医疗卫生条件不足,许多村民并没有条件和意识去医院看病。遇到小病小痛,他们往往选择忍耐,或依赖民间偏方、药草治疗。只有在病情严重到不能忍受的情况下,才会去找乡村医生或者前往镇上的卫生院。这种观念的形成不仅与经济条件有关,也与传统的农耕文化和对疾病的认知密切相关。

随着中国经济的快速发展,乡村居民的生活水平逐步提高,医疗条件也随之改善。进入 21 世纪后,国家加大了对农村卫生事业的投入,基层医疗机构逐渐完善,医疗保障制度逐步健全。与此同时,健康知识的普及和传播也在逐步改变着乡村居民的健康观念。这个阶段,乡村居民逐渐从"能扛就扛"转变为"有病就看"。他们开始意识到疾病的危害,懂得及时就医的重要性。不少人开始在生病时主动去医院寻求专业的治疗,而不是依赖传统的民间疗法。国家推出的新型农村合作医疗制度,更是极大地减轻了农民的医疗负担,提高了他们的就医积极性。

近年来,随着经济的进一步发展和全民健康意识的提升,乡村居民的健康观念又发生了新的变化。他们不再仅仅局限于"有病就看",而是开始重视"没病体检"。预防胜于治疗的理念逐渐深入人心,定期健康检查成为许多农村家庭的常态。各级政府和卫生部门也积极推动健康教育和预防保健工作,定期组织免费体检和健康讲座。乡村居民开始关注自身和家人的健康状况，主动进行健康管理，预防疾病的发生。许多村民在体检中发现了潜在的健康问题，得以及时采取措施加以干预，从而大大提高了生活质量和健康水平。

总的来说，乡村居民对医疗健康观念的变迁，既是经济社会发展的结果，也是政府政策引导和健康教育普及的成果。从"能扛就扛"到"有病就看"再到"没病体检"，这一系列变化不仅反映了乡村医疗卫生条件的改善，也体现了居民健康意识的提升。这种观念的转变，有助于实现全民健康的目标，为乡村振兴和社会和谐发展奠定了坚实的基础。

（二）饮食愈发追求健康

在过去的几十年里，陶利居民的饮食观念经历了显著的变化，这一过程可以概括为从"吃饱"到"吃好"再到"吃少、吃新鲜"三个阶段。这一变化不仅反映了社会经济的发展，也体现了居民对健康的重视不断提升。

最初，在物资匮乏的年代，陶利居民的饮食观念主要集中在"吃饱"上。由于经济发展水平低，农业生产力有限，食物供应不足，居民的日常饮食主要以填饱肚子为目标。那时，大部分家庭的饮食结构简单，以粮食为主，辅以少量的蔬菜和少许蛋白质来源。肉类和水果是奢侈品，只有在节庆或特殊情况下才能享用。人们并不关心食物的营养价值，更谈不上考虑健康与否，能有足够的食物填饱肚子已经是极大的满足。这种"吃饱"的观念深植于当时的社会背景中，人们只求能够维持生计，生存是首要目标。

随着时间的推移，尤其是在改革开放后，陶利地区的经济逐渐发展，居民的生活水平得到了显著提升。此时，人们开始从"吃饱"向"吃好"转变。经济的改善带来了更丰富的食物选择，居民们开始追求食物的美味和多样性。菜肴中不再仅仅是简单的米饭和面食，肉类、鱼类、豆制品和蔬菜的比例逐渐增加，人们也开始注重烹饪技巧和饮食的口味。餐桌上的变化不仅体现在食材的丰富性上，也体现在烹饪方法的多样性上。蒸、煮、炒、煎等各种烹饪方式得到了广泛应用，人们开始享受美食带来的愉悦体验。在这个阶段，饮食不再是单纯的生存需要，而是成为生活质量和幸福感的重要组成部分。

进入21世纪，随着健康意识的普及，陶利居民的饮食观念再次发生了变化，从"吃好"进一步发展到"吃少、吃新鲜"。这一转变与全球健康理念的推广和营养学知识的普及密切相关。人们逐渐认识到，过量摄入食物尤其是高热量、高脂肪的食物，可能导致肥胖、心血管疾病等健康问题。因此，越来越多的居民开始主动减少食量，控制饮食的总热量摄入，以保持健康的体重和预防慢性疾病。同时，居民对食材的新鲜度和来源也愈发重视，新鲜蔬菜、低脂肪肉类、全谷物和有机食品成为他们餐桌上的常客。对比过去，现代陶利居民更倾向于选择营养丰富、自然健康的食材，而不是单纯追求口味的浓烈或食量的丰盛。这种饮食观念的变化不仅反映了居民健康意识的提升，也展现了他们对生活质量和长寿的追求。

在这个阶段，"吃少、吃新鲜"已成为陶利居民的新常态。人们更加关注食物对身体的影响，注重均衡饮食和营养搭配。

少油少盐的烹饪方式开始普及，饮食习惯也趋向于简约和自然。新鲜水果和蔬菜成为每日饮食的必备，越来越多的人开始尝试素食、低碳水化合物饮食和清淡饮食。与此同时，陶利居民还积极参与到健康管理中，许多人通过定期体检、参加健康讲座和学习营养知识，进一步提升了对自身健康的管理能力。

这种饮食观念的变迁历程，既是陶利居民生活水平提高的体现，也是社会进步和健康教育普及的结果。从最初的"吃饱"到"吃好"，再到如今的"吃少、吃新鲜"，陶利居民在饮食方面的变化反映了他们对健康的高度重视。这不仅改善了他们的生活质量，也使他们在追求健康长寿的道路上走得更加稳健。

总的来说，陶利居民饮食观念的变迁，展示了一个地区从温饱不足到小康富裕，再到健康幸福的过程。这一历程不仅见证了社会经济的发展，还彰显了健康理念在人们生活中的重要性。如今的陶利居民已不再满足于吃得饱、吃得好，他们更加关注如何通过饮食来维持健康、延年益寿。在未来，随着健康观念的进一步深化，陶利居民的饮食习惯可能还会有新的变化，但无论如何，这种对健康的重视将继续成为他们生活的重要组成部分。

结　　语

"变"是当今社会永恒的主题，正所谓"社会在进步，一切都在变，唯一不变的就是变化本身"。地处农牧交错地带乡村社会在各种力量的冲击下，社会经济文化结构已经发生了重大变迁，这一区域的文化类型已经演变为复合型的文化，针对该区域乡村社会变迁，我们进行如下思考。

一、互动性变迁：农牧交错地带乡村社会变迁的隐喻

"互动性变迁"是农牧交错地带乡村社会发展的动态变迁过程。这一过程不仅反映了农业与牧业之间的互动关系，也隐喻了乡村社会结构、经济模式和文化习俗的深刻变迁。随着资源配置、生产方式和居民生活方式的转变，乡村社会的互动关系日益复杂化，体现出不同经济活动和社会群体之间的相互影响与融合。这种变迁不仅影响了乡村的经济发展，也重塑了人们的社会认同和生活方式。农牧交错地带乡村社区变迁的互动性体现在以下几个方面：

其一，外在的动因与内在动因的互动关系。农牧交错地带

乡村社区变迁的外在动因主要来源于经济政策、市场需求和环境因素。政府的农业与畜牧业发展政策及土地使用政策直接影响社区的经济结构和发展方向，推动居民的生产方式和生活习惯的变化。此外，市场对农产品和畜产品的需求变化也起到重要作用，促使社区调整产业结构以适应新的经济形势。同时，气候变化和自然资源的可用性等环境因素，也会影响农业和牧业的持续发展，进而影响社区的生计模式。内在动因则体现在社区的社会结构、居民意识和技术创新。乡村居民的社会关系、家庭结构及其传统文化，决定了社区的适应能力和变化的速度。随着教育水平提高和信息获取的便利，居民的价值观和发展意识逐渐变化，推动他们接受新的经济模式和生活方式。此外，技术的创新与应用也改变了社区的生产方式，提高了生产效率，从而促进了经济转型和社区的可持续发展。

外在动因与内在动因之间存在着复杂的互动关系。外在动因通过政策、市场和环境等因素影响内在动因，促使社区居民调整其生产和生活方式，以应对外部挑战。同时，内在动因也通过居民的主动适应和创新能力，反馈给外在动因，影响政策的实施和市场的发展方向。这种互动关系使得农牧交错地带的乡村社区能够在面对外部挑战时，灵活调整内部结构，最终实现可持续发展。

其二，游牧文化与农耕文化的互动关系和互动机制。地处农牧交错地带的游牧民与农民一直处在互动之中，大量的游牧民变成了农民，同时要有一小部分的农民变成了牧民，然则生活在当地的各族群众在这种互动机制的驱动下，有了新的身份

——农牧民,即操着农牧兼营的生机方式。具体而言,二者之间的互动关系体现在以下几个方面:(1)资源共享与经济互补。游牧文化与农耕文化之间存在资源利用上的互补关系。农耕文化依赖于稳定的土地,而游牧文化则利用广袤的草原。两者通过互换产品,如农作物与牲畜,实现了资源共享,增强了各自的经济韧性。(2)技术与知识的传播。两种文化的互动促进了技术和知识的交流。游牧民族在放牧和动物驯化方面的经验可以传递给农耕者,而农耕者的耕作技术和作物种植知识亦可影响游牧者的生活方式。这种技术的互换提升了双方的生产效率和生活质量。(3)文化交流与社会融合。游牧与农耕文化的接触促进了文化交流,增强了语言和习俗等方面的融合。通过贸易、婚姻和节庆活动,双方建立了深厚的社会联系,形成了多元文化共生的环境。(4)环境适应与生存策略。在环境变化和资源压力的背景下,游牧与农耕文化的互动机制帮助双方共同应对外部挑战。面对气候变化和自然灾害,两者通过互助和合作增强了社区的适应能力和生存策略。

其三,生态环境与人的文化行为的互动关系。生态环境与人的文化行为之间存在着密切的互动关系。生态环境为人类的生活提供了基本条件,而人的文化行为则反过来影响和塑造生态环境。这种互动关系可以从多个角度进行分析。

一方面,生态环境决定了可供人类利用的自然资源的类型和数量。例如,水源丰富的地区适合农业发展,而草原和森林则适合游牧和狩猎文化。这些自然条件直接影响了人类的生产方式、生活习惯和社会结构。同时,不同的气候条件促使人类发展出适应性的生活方式。例如,在寒冷地区,人们可能会发展出以狩猎、捕鱼和采集为主的生存策略,而在温暖地区则更倾向于农业和定居生活。气候变化则可能导致这些文化行为的调整。

另一方面,人的文化行为对生态环境有着重要影响,人类文化行为往往涉及对自然资源的开发与利用,如农业、工业和城市化。这些行为在满足人类需求的同时,也可能导致生态环境的改变,甚至造成资源的枯竭和生态失衡。此外,随着环保意识的提升,人类的文化行为也逐渐向保护生态环境转变。人们开始重视可持续发展,推行生态友好的生活方式,努力减少对自然环境的负面影响,从而促进人与自然的和谐共处。

总之,农牧交错地带生态环境与文化行为之间的互动是动态的,随着时间的推移,两者会不断相互影响。例如,科技发展可能改变人类对资源的利用方式,同时也可能影响生态环境的恢复和保护。反过来,生态环境的变化又会促使人类文化行为的适应与创新。

二、乡村振兴战略的提出是乡村社会发展的重大契机

乡村振兴战略是我国在新时代背景下,针对乡村发展滞后、城乡差距加大问题而提出的。这一战略旨在全面提升农村经济、社会和生态环境的整体发展水平,为乡村社会的可持续发展提供新的动力。这一战略的提出,为农牧交错地带乡村社会发展提供了重要发展契机。

(一)为乡村社会发展提供了政策支持

乡村振兴战略的提出,伴随着国家对农村发展的高度重

视。政府在政策、资金和技术等方面加大支持力度,为乡村社会的发展提供了良好的政策环境和保障。在我国农牧交错地带往往具备独特的地理和生态条件,拥有丰富的自然资源。然而,伴随着经济快速发展,这些地区在社会发展和生态保护方面面临诸多挑战。因此,乡村振兴战略的提出,尤其是在农牧交错地带,显得尤为重要。国家对农村发展的高度重视,为这一区域的社会经济发展提供了强有力的政策支持。

第一,为了促进农牧交错地带的乡村社会发展,政府制定了一系列专门的政策措施。这些政策不仅关注农业和牧业的协调发展,还鼓励生态保护和可持续利用资源。通过精准政策的实施,政府鼓励地方政府根据本地实际情况,制定相应的细化措施,以实现农业与牧业的有机结合,推动区域经济的全面发展。

第二,在乡村振兴战略的框架下,政府对农牧交错地带的资金支持力度不断加大。通过设立专项资金、提供贷款优惠和补贴政策,支持农牧交错地带的基础设施建设、农业现代化和生态恢复等项目。这些资金的注入,不仅提升了地方经济的活力,也为农牧民的生产和生活改善创造了条件,推动了区域经济的可持续发展,促进了农牧民收入的增加。

第三,技术是推动农牧交错地带乡村社会发展的关键因素。政府积极推动农业和畜牧业的科技创新与应用,鼓励科研机构和高等院校在农牧交错地带开展技术研究和推广。通过引入先进的农业生产技术和现代化的畜牧管理模式,提升了农牧产业的整体竞争力。同时,政府组织农牧民进行技术培训,帮助他们掌握科学的生产技能，提高生产效率，从而实现收入的稳定增长。

第四，乡村振兴战略特别强调人才对农牧交错地带发展的重要性。政府通过多种方式培养和引进专业人才，鼓励高校毕业生和技术人员到农牧区工作，推动农牧区的创新发展。同时，加大对农牧区教育的投入，提升农牧民的文化素养和专业技能。这不仅为乡村发展提供了人力资源保障，也增强了农牧民的自我发展能力，使他们能够更好地适应市场变化和技术进步。

第五，在乡村振兴的过程中，政府积极倡导社会力量参与农牧交错地带的建设。通过鼓励企业、合作社、非政府组织等多方力量的参与，形成了多元化的合作模式。这种社会参与不仅丰富了乡村发展的治理形式，还增强了农牧交错地带的内生动力和发展活力。通过多方合作，推动资源共享，促进了农牧产业的协同发展。

第六，农牧交错地带的乡村发展必须注重生态环境的保护。政府在政策中强调绿色发展理念，鼓励生态农业和可持续牧业的发展。通过制定相关政策，推动生态恢复工程、土壤改良和水资源管理等项目，确保资源的可持续利用。此外，倡导农牧民树立生态意识，积极参与生态保护与建设，形成良好的生态环境，为乡村的长远发展奠定基础。

(二) 资源整合与优化配置

乡村振兴战略的实施为农牧交错地带的乡村社会发展提供了新的机遇，通过资源整合与优化配置，推动了这些地区的可持续发展。

在农牧交错地带，资金的有效引导与整合是推动乡村发展的重要手段。乡村振兴战略强调通过政策扶持、财政补贴和金融机构的信贷支持，引导社会资本流向这些地区。通过设立专项基金，鼓励投资于基础设施建设、农业生产和牧业发展，农牧交错地带的经济活力得到了显著提升。这些资金的流入，不仅改善了当地的生产条件，还增强了农牧民的生产积极性，为乡村经济的多元发展奠定了基础。

人才的流动与培养是推动农牧交错地带乡村社会发展的另一关键因素。乡村振兴战略注重引导各类专业人才向这些地区流动，尤其是农业技术人员和畜牧专家。通过制定优惠政策，吸引城市人才回归乡村，同时加强当地人才的培训与教育，提升农牧民的专业技能和管理水平。人才的引入与培养，促进了农牧区生产方式的转变，有助于提高农牧产品的质量和市场竞争力，推动乡村经济的全面发展。

技术创新在农牧交错地带的发展中扮演着重要角色。乡村振兴战略鼓励科技企业、高校和科研机构与农牧交错地带的合作，推动农业与牧业的科技创新与应用。通过引入现代化的农业设备和信息技术，促进农牧生产的智能化和数字化，提升了生产效率和资源利用率。此外，技术的应用还帮助农牧民掌握更科学的生产方法，提高了产品的附加值，促进了产业的转型升级。

乡村振兴战略通过资源的整合与优化配置，推动了农牧交错地带的产业结构调整与优化。在资金、人才和技术的支持下,传统的单一农业或牧业模式逐渐向综合经营、特色产业发展转变。这些地区开始探索农牧结合的新模式,如发展生态养殖、乡村旅游和农产品加工等新兴产业。这种产业结构的调整,不仅提升了乡村经济的整体竞争力,也为农牧民创造了更多的就业机会和收入来源。

农牧交错地带的乡村发展同样离不开社会服务和基础设施的提升。乡村振兴战略强调加大对农村基础设施的投资,改善交通、通信、水利等设施,提升乡村的公共服务水平。这些措施不仅为农牧区经济活动提供了便利,也改善了农牧民的生活质量。此外,通过加强教育、医疗和文化等公共服务的建设,提升了农牧区居民的整体素质,促进了乡村社会的和谐发展。

乡村振兴战略强调城乡融合发展,特别是在农牧交错地带,资源整合与优化配置促进了城乡的协调发展。通过推动城市资源、市场和技术向农村流动,实现了城乡之间的互补与协同。这样的发展模式不仅提升了农牧交错地带的经济活力,同时也促进了环境的可持续发展,保护了生态资源,形成了良好的生态循环。

(三) 促进社会和谐

乡村振兴战略不仅仅聚焦于经济发展的层面,更加注重社会文化的传承与创新。在农牧交错地带,丰富的乡土文化和传统习俗是地方发展的根基。通过组织各类文化活动、艺术节和民俗展览,乡村振兴促进了对地方文化的认同与保护。这些活动不仅激发了农牧民的参与热情,还增强了社区的凝聚力,使得传统文化得以在现代社会中焕发新的活力。同时,乡村振兴还鼓励文化与旅游、产业的结合,推动传统手工艺、地方美食等特色文化产品的开发与传播,进一步增强了农牧民的文化自信和归属感。

提升乡村治理能力是实现社会和谐的重要方面。乡村振兴战略通过加强基层组织建设和推动民主参与,增强了农民在乡村治理中的话语权。通过建立健全村民自治机制,鼓励农民积极参与公共事务的管理与决策,提升了治理的透明度和公信力。同时,政府与社会组织的合作也为乡村治理带来了新的思路和资源支持。良好的治理不仅促进了乡村的和谐稳定,也增强了农民的责任感和归属感,使得村民在共同的发展中形成了强大的社会纽带,推动了乡村社会的和谐美好。

(四)生态环境保护

在农牧交错地带,乡村振兴战略强调绿色发展,特别注重生态环境的保护与修复。随着现代化农业的推进,传统的生产方式往往会对生态环境造成一定的压力,因此,发展生态农业成为一种必然选择。生态农牧业通过采用有机肥料、轮作制度和多样化种植,既提高了土壤的肥力,减少了化学农药的使用,又实现了农牧产品的安全与健康。同时,这种生产方式不仅保护了当地的水源和土壤,还促进了生物多样性的提升,为乡村生态系统的可持续发展奠定了基础。农牧民通过参与生态农业,能够获得更高的经济收益,进一步增强了对环境保护的认识和责任感。

在推动可持续的生产方式方面,乡村振兴战略鼓励农牧交错地带的农牧民探索资源合理利用的新途径。通过引入现代农业科技和管理理念,农牧民能够更有效地利用水资源、土地资源和生物资源。例如,实施节水灌溉技术和雨水收集系统,可以显著提高水资源的使用效率,降低生产成本。此外,发展循环农业模式,通过农畜结合,合理利用农作物的副产品,不仅减少了资源浪费,还能提高土壤的肥力,增强生态系统的稳定性。这种双赢的模式使得经济发展与环境保护实现了良性互动,进一步促进了农牧交错地带乡村社会的可持续发展,提升了居民的生活质量和生态文明意识。

(五) 激发乡村内生动力

乡村振兴战略强调农民在乡村建设中的主体地位,鼓励他们主动参与到乡村发展过程中。这一战略不仅让农民从被动接受发展政策的角色转变为积极参与者,还通过多种方式激发了他们的参与意识。例如,通过设立村民代表大会、组织乡村发展研讨会等方式,农民可以直接参与到决策过程中,表达自己的想法与需求。这种参与感增强了他们对乡村建设的责任感和归属感,从而激发了他们为改善自身生活条件而主动行动的动力。

内生动力的激发为农民的积极性和创造性提供了广阔的空间。在农牧交错地带,农牧民不仅是生产者,更是乡村发展的创新者。通过参与乡村产业发展、生态农业项目和农产品品牌建设等,农牧民们可以将自身的经验和传统智慧与现代科技相结合,创造出新的产品和服务。例如,一些农牧民通过学习电商知识,把地方特色农产品推向更广阔的市场,既增加了收入,也为乡村经济注入了新的活力。这种创新能力的提升,进一步推动了乡村的自我发展,形成了良性的经济循环。

随着农民内生动力的持续激发,乡村的自我发展逐渐形成了一条可持续的路径。乡村振兴不仅依赖外部资源的投入,更依靠农民自身的努力与智慧。在农牧交错地带,农牧民通过建立合作社、参与集体经济活动,形成了集体力量,推动了乡村的整体发展。同时,农牧民的积极参与也促使地方政府更加重视基层治理和服务,形成了良好的互动关系。这种自我发展模式,不仅提升了乡村的经济活力,也增强了社会的凝聚力,为实现乡村振兴目标奠定了坚实的基础。

乡村振兴战略的提出为乡村社会的发展提供了重要契机,推动了农村经济、社会和生态的全面协调发展。这一战略不仅是解决乡村发展问题的有效途径,也是实现城乡协调发展的重要保障。通过政策支持、资源整合、社会和谐、生态保护和激发内生动力,乡村振兴将为中国的乡村社会带来新的生机与活力。

参考文献

（按照作者姓氏排序）

著作类

[1]［英］安东尼·吉登斯，菲利普·萨顿：《社会学基本概念》（第二版），王修晓译，北京大学出版社2019年版。

[2]［美］巴菲德尔：《危险的边疆——游牧帝国与中国》，袁剑译，江苏人民出版社2011年版。

[3] 巴·布和朝鲁编著：《蒙古包文化》，内蒙古人民出版社2003年版。

[4]［波］彼得·什托姆普卡：《社会变迁的社会学》，林聚任等译，北京大学出版社2011年版。

[5]［法］杜尔凯姆：《迪尔凯姆论社会分工与团结》，石磊编译，中国商业出版社2016年版。

[6] 费孝通：《江村经济》，戴可景译，北京大学出版社2012年版。

[7] 费孝通：《乡土中国》，北京大学出版社2012年版。

[8] 何星亮：《文化人类学调查与研究方法》，中国社会科学出版社2017年版。

[9] 刘少杰：《后现代西方社会学理论》（第二版），北京大学出版社2014年版。

［10］马戎编著：《民族社会学——社会学的族群关系研究》，北京大学出版社 2004 年版。

［11］莎日娜，乌冉，巴图吉日嘎拉编著：《蒙古族民俗风情》，内蒙古人民出版社 2003 年版。

［12］［美］施坚雅：《中国农村的市场和社会结构》，史建云，徐秀丽译，中国社会科学出版社 1998 年版。

［13］单菲菲：《多民族社区治理——以西北地区为例》，社会科学文献出版社 2019 年版。

［14］王军云编著：《中国民居与民俗》，中国华侨出版社 2007 年版。

［15］王明珂：《游牧者的抉择：面对汉帝国的北亚游牧部族》，上海人民出版社 2018 年版。

［16］《乌审旗志》编纂委员会编：《乌审旗志》，内蒙古人民出版社 2001 年版。

［17］习近平：《习近平著作选读》（第二卷），人民出版社 2023 年版。

［18］邢莉等：《内蒙古区域游牧文化的变迁》，中国社会科学出版社 2013 年版。

［19］张紫晨主编：《中外民俗学词典》，浙江人民出版社 1991 年版。

［20］张少春：《互嵌式社会与民族团结：人类学的视角》，社会科学文献出版社 2018 年版。

［21］中国历史大辞典编纂委员会编：《中国历史大辞典》（下卷），上海辞书出版社 2000 年版。

［22］郑杭生主编：《社会学概论新修》（第四版），中国人民大学出版社 2013 年版。

［23］郑杭生主编：《社会学概论新修精编本》（第三版），中国人民大学出版社 2020 年版。

［24］《中国方志大辞典》编辑委员会编：《中国方志大辞典》，浙江人民出版社 1988 年版。

期刊类

[1] 艾萨江·由舍,冯雪红:《少数民族族际通婚研究综述》,载《西南边疆民族研究》2018年第3期。

[2] 蔡克信,杨红,马作珍莫:《乡村旅游:实现乡村振兴战略的一种路径选择》,载《农村经济》2018年第9期。

[3] 曹海林:《村落公共空间演变及其对村庄秩序重构的意义——兼论社会变迁中村庄秩序的生成逻辑》,载《天津社会科学》2005年第6期。

[4] 曹海林:《乡村社会变迁中的村落公共空间——以苏北窑村为例考察村庄秩序重构的一项经验研究》,载《中国农村观察》2005年第6期。

[5] 陈全功,张剑,杨丽娜:《基于GIS的中国农牧交错带的计算和模拟》,载《兰州大学学报(自然科学版)》2007年第5期。

[6] 陈建胜:《从社区服务中心到社区中心:公共空间的社会性锻造——基于衢州农村社区建设的案例》,载《浙江学刊》2013年第6期。

[7] 陈全功:《再谈"胡焕庸线"及农牧交错带》,载《草业科学》2018年第3期。

[8] 陈学云,程长明:《乡村振兴战略的三产融合路径:逻辑必然与实证判定》,载《农业经济问题》2018年第11期。

[9] 陈文胜:《城镇化进程中乡村文化观念的变迁》,载《湘潭大学学报(哲学社会科学版)》2019年第4期。

[10] 崔思朋:《气候与人口:历史学视域下"农牧交错带"研究基本线索考察及反思》,载《重庆大学学报(社会科学版)》2020年第5期。

[11] 段成荣:《人口流动对农村社会经济发展的影响》,载《西北人口》1998年第3期。

[12] 范建华,秦会朵:《关于乡村文化振兴的若干思考》,载《思想战

线》2019 年第 4 期。

［13］高静，王志章：《改革开放 40 年：中国乡村文化的变迁逻辑、振兴路径与制度构建》，载《农业经济问题》2019 年第 3 期。

［14］海山：《内蒙古农牧交错带可持续发展研究》，载《经济地理》1995 年第 2 期。

［15］贺雪峰：《关于实施乡村振兴战略的几个问题》，载《南京农业大学学报（社会科学版）》2018 年第 3 期。

［16］贺丹：《新时代乡村人口流动规律与社会治理的路径选择》，载《国家行政学院学报》2018 年第 3 期。

［17］黄海：《国家治理转型中乡村社会变迁的特征及其逻辑演进》，载《求索》2016 年第 9 期。

［18］黄祖辉：《准确把握中国乡村振兴战略》，载《中国农村经济》2018 年第 4 期。

［19］孔祥智，卢洋啸：《建设生态宜居美丽乡村的五大模式及对策建议——来自 5 省 20 村调研的启示》，载《经济纵横》2019 年第 1 期。

［20］李国祥：《实现乡村产业兴旺必须正确认识和处理的若干重大关系》，载《中州学刊》2018 年第 1 期。

［21］李博：《乡村振兴中的人才振兴及其推进路径——基于不同人才与乡村振兴之间的内在逻辑》，载《云南社会科学》2020 年第 4 期。

［22］梁海峡，蔡萍：《近代蒙汉族际通婚问题研究》，载《青海民族大学学报（社会科学版）》2013 年第 4 期。

［23］刘海洋：《乡村产业振兴路径：优化升级与三产融合》，载《经济纵横》2018 年第 11 期。

［24］麻国庆：《边界与共生：农牧交错地带的水利社会研究——评〈水利、移民与社会〉》，载《社会发展研究》2022 年第 3 期。

［25］麻国庆，张斯齐：《农牧交错地带：认识中华文明统一性的一个视角》，载《思想战线》2024 年第 3 期。

[26] 牛耀红:《社区再造:微信群与乡村秩序建构——基于公共传播分析框架》,载《新闻大学》2018 年第 5 期。

[27] 蒲实,孙文营:《实施乡村振兴战略背景下乡村人才建设政策研究》,载《中国行政管理》2018 年第 11 期。

[28] 钱雪飞:《试论改革以来农民流动对中国社区结构变迁的影响》,载《南京社会科学》1999 年第 2 期。

[29] 钱再见,汪家焰:《"人才下乡":新乡贤助力乡村振兴的人才流入机制研究——基于江苏省 L 市 G 区的调研分析》,载《中国行政管理》2019 年第 2 期。

[30] 乔志强,龚关:《近代华北集市变迁略论》,载《山西大学学报(哲学社会科学版)》1993 年第 4 期。

[31] 石硕:《半月形文化带:理解中国民族及历史脉络的一把钥匙——童恩正"半月形文化带"的学术意义与价值》,载《清华大学学报(哲学社会科学版)》2024 年第 2 期。

[32] 宋小霞,王婷婷:《文化振兴是乡村振兴的"根"与"魂"——乡村文化振兴的重要性分析及现状和对策研究》,载《山东社会科学》2019 年第 4 期。

[33] 宋才发:《〈民法典〉的人民性及民事多元治理体系构建》,载《广西社会科学》2021 年第 10 期。

[34] 申建林,邱雨:《重构还是解构——关于网络空间公共领域命运的争议》,载《武汉大学学报(哲学社会科学版)》2020 年第 5 期。

[35] 王晗:《清代蒙陕农牧交错带土地垦殖过程研究——以怀远县伙盘地为例》,载《明清论丛(第十四辑)》2014 年第 2 期。

[36] 王金朔,金晓斌,曹雪,周寅康:《清代北方农牧交错带农耕北界的变迁》,载《干旱区资源与环境》2015 年第 3 期。

[37] 王亚华,苏毅清:《乡村振兴——中国农村发展新战略》,载《中央社会主义学院学报》2017 年第 6 期。

[38] 温铁军：《生态文明与比较视野下的乡村振兴战略》，载《上海大学学报（社会科学版）》2018年第1期。

[39] 温铁军，杨洲，张俊娜：《乡村振兴战略中产业兴旺的实现方式》，载《行政管理改革》2018年第8期。

[40] 温暖：《多元共治：乡村振兴背景下的农村生态环境治理》，载《云南民族大学学报（哲学社会科学版）》2021年第3期。

[41] 吴理财，解胜利：《文化治理视角下的乡村文化振兴：价值耦合与体系建构》，载《华中农业大学学报（社会科学版）》2019年第1期。

[42] 徐冉：《农牧交错带的山地环境与界线迁移——以清代宁夏、阿拉善贺兰山界争问题为例》，载《中央民族大学学报（哲学社会科学版）》2018年第6期。

[43] 徐学庆：《新乡贤的特征及其在乡村振兴中的作用》，载《中州学刊》2021年第6期。

[44] 叶敬忠：《乡村振兴战略：历史沿循、总体布局与路径省思》，载《华南师范大学学报（社会科学版）》2018年第2期。

[45] 岳云霄：《国家·族群·环境：康雍乾时期农牧交错带政区变迁的多元面向——宁夏府新渠、宝丰二县置废研究》，载《社会史研究（第五辑）》2018年第1期。

[46] 张兰生，方修琦，任国玉，索秀芬：《我国北方农牧交错带的环境演变》，载《地学前缘》1997年第Z1期。

[47] 张海鹏，郜亮亮，闫坤：《乡村振兴战略思想的理论渊源、主要创新和实现路径》，载《中国农村经济》2018年第11期。

[48] 张亮，马释宇：《政策代理"责任到人"与农业生产"组织起来"——农牧交错地带脱贫攻坚与乡村振兴衔接的动力机制研究》，载《西北民族研究》2022年第4期。

[49] 张蕴萍，栾菁：《数字经济赋能乡村振兴：理论机制、制约因素与推进路径》，载《改革》2022年第5期。

［50］赵松乔：《察北、察盟及锡盟——一个农牧过渡地区的经济地理调查》，载《地理学报》1953 年第 1 期。

［51］赵哈林，赵学勇，张铜会，周瑞莲：《北方农牧交错带的地理界定及其生态问题》，载《地球科学进展》2002 年第 5 期。

［52］郑瑞涛：《社会转型期农村的非正式公共空间：集市》，载《长春市委党校学报》2009 年第 2 期。

［53］周立，李彦岩，王彩虹，方平：《乡村振兴战略中的产业融合和六次产业发展》，载《新疆师范大学学报（哲学社会科学版）》2018 年第 3 期。

［54］朱康对：《城市化进程中乡村社会结构变迁和文化转型——转型期温州农村社会发展考察》，载《当代世界社会主义问题》2002 年第 1 期。

［55］朱小玲：《内蒙古农牧交错地带经济文化类型的演变》，载《黑龙江民族丛刊》2010 年第 4 期。

［56］朱金春：《牛羊育肥与族际互动：农牧交错地带多民族共生互惠共同体的生成》，载《北方民族大学学报》2024 年第 1 期。

其他

［1］刘志颐：《内蒙古农牧交错带化德县生态经济模式研究》，中央民族大学 2013 年博士学位论文。

［2］万红：《中国西南民族地区市场的起源与历史形成》，中国社会科学院研究生院 2002 年博士学位论文。

［3］Beck, U. 2006. *The Cosmopolitan Vision*. Cambridge：Polity Press；Castells, M. 1996. *The Rise of the Network Society*. Oxford：Blackwell.

［4］Frank, A. G. 1966. *The Development of Underdevelopment*. Monthly Review Press.

［5］Tilly, C. 1995. *Globalization and Contention*. Cambridge：Cambridge University Press；Tarrow, S. 1998. *Power in Movement*. Cambridge：Cambridge University Press.

[6]《中华人民共和国民法典》,载中华人民共和国中央人民政府网 https://www.gov.cn/xinwen/2020-06/01/content_5516649.htm,2020年6月1日。